李津 钟频◎主编　王周知 宋泉◎副主编

Python
程序设计
实验教程

人民邮电出版社

北 京

图书在版编目（CIP）数据

Python 程序设计实验教程 / 李津，钟频主编.
北京 ： 人民邮电出版社，2025. --（软件开发人才培养
系列丛书）. -- ISBN 978-7-115-67760-0

Ⅰ. TP312.8

中国国家版本馆 CIP 数据核字第 2025HD8054 号

内 容 提 要

本书是《Python 程序设计基础（微课版）》配套的实验教程。本书通过实际案例助力学生掌握 Python 编程技能并进行实践。本书内容包括主教材各章对应的实验目的及要求、实验案例、实验内容等。此外，本书还提供主教材习题参考答案、实验内容参考答案，方便学生自学与练习。

本书适合作为高等院校计算机类相关专业的教材，也适合作为程序开发人员的参考书。

◆ 主　编　李　津　钟　频
　　副主编　王周知　宋　泉
　　责任编辑　李　召
　　责任印制　胡　南

◆ 人民邮电出版社出版发行　　北京市丰台区成寿寺路 11 号
　　邮编　100164　　电子邮件　315@ptpress.com.cn
　　网址　https://www.ptpress.com.cn
　　北京天宇星印刷厂印刷

◆ 开本：787×1092　1/16
　　印张：8.5　　　　　　　　　　2025 年 8 月第 1 版
　　字数：233 千字　　　　　　　2025 年 8 月北京第 1 次印刷

定价：39.80 元

读者服务热线：(010)81055256　印装质量热线：(010)81055316
反盗版热线：(010)81055315

前　言

　　为配合《Python 程序设计基础（微课版）》主教材的教学，帮助学生通过实验深化理解所学知识、提升编程能力，我们编写了本书。本书以"夯实基础、注重应用、培养能力"为核心理念，紧密围绕《Python 程序设计基础（微课版）》的知识体系，设计了层次分明、由浅入深的实验案例，力求通过案例驱动和任务导向的教学模式，提升学生解决实际问题的能力。

　　本书特色如下。

1．与主教材内容高度契合

　　本书内容与主教材内容对应，涵盖 Python 概述、数据类型与常用内置对象、数据输入输出、选择结构、循环结构、字符串、组合数据类型、函数、文件、面向对象编程、程序异常处理及数据库技术的核心知识。通过本书，学生能将理论知识转化为实际编程能力，形成"学中用、用中学"的良性循环。

2．结构清晰，辅助学习

　　本书分为 3 部分。

　　o　第一部分：Python 程序设计实验指导

　　这部分涵盖验证性实验、设计性实验与综合性实验。每个案例均提供详细的内容说明、思路剖析与实验步骤，引导学生从基础语法到复杂应用逐步进阶。

　　o　第二部分：主教材习题参考答案

　　这部分提供《Python 程序设计基础（微课版）》每章习题参考答案，帮助学生巩固理论知识，检验学习效果，并为教师提供教学参考。

　　o　第三部分：实验内容参考答案

　　这部分提供本书第一部分各章实验内容参考答案，帮助学生巩固实践知识，检验学习效果。

3．案例丰富，注重实战

　　每章均包含多个精心设计的实验案例，内容覆盖科学计算、文本处理、图形绘制、数据分析和简单系统开发等场景。例如，通过"百钱买百鸡"案例培养学生的算法思维，通过"密码强度检查"案例帮助学生理解字符串处理逻辑，通过"图书管理信息系统"案例帮助学生掌握模块化编程思想。案例代码翔实，注释清晰，便于学生举一反三。

4．阶梯式实验设计

　　实验分为"基础实验"与"综合实验"两个层次。

　　o　基础实验：通过验证性任务帮助学生巩固语法与基础操作，如程序调试、数据类型转换、文件读写等。

　　o　综合实验：通过项目式任务提升学生的综合能力，如词频统计、设计异常处理系统、数据库应用开发等。

　　学生可根据自身水平选择任务难度，逐步提升编程能力。

5．强调调试与问题解决

实验案例中加入"调试技巧"内容，指导学生使用 Python IDLE 的调试工具定位错误，分析常见异常（如语法错误、逻辑错误、运行时错误）原因，并培养学生规范的代码编写习惯。

本书的编写得益于中南林业科技大学涉外学院多位一线教师教学实践经验的反馈，以及开源社区的技术资源支持。特别感谢参与案例测试的教师和学生，他们的宝贵建议使实验设计更加贴近学生的学习需求。由于编者水平有限，书中难免存在不足之处，恳请广大读者批评指正。

编程能力的提升离不开持续的实践与思考。希望本书能成为读者探索 Python 世界的可靠伙伴，助力读者在 Python 程序开发中发现问题、解决问题，创造更大的价值。

编　者
2025 年 4 月

目 录

第二部分　主教材习题参考答案

第三部分　实验内容参考答案

< 2 >

第一部分

Python程序
设计实验指导

第 1 章 Python 概述

1.1 实验目的及要求

（1）掌握在命令行窗口中运行 Python 程序的方法。

（2）掌握在 Python IDLE 中编写、运行和调试 Python 程序的方法。

1.2 实验案例

【案例 1-1】

1. 实验内容

在命令行窗口中运行 Python 程序。

2. 实验步骤

为了方便管理程序，用户一般将自己编写的 Python 程序放在一个固定文件夹中。为了运行程序方便，用户一般在程序所在文件夹中启动 Python 解释器，这样在解释运行程序时，直接写程序文件名即可。

（1）打开命令行窗口

在指定文件夹中打开命令行窗口有两个方法。

方法 1：创建一个专门保存自己编写的 Python 程序的文件夹，这里假设所创建的文件夹名为 myPython，且保存在 D 盘下。双击该文件夹，进入该文件夹下，如图 1-1 所示，将光标定位到文件夹中的空白处，按住键盘中 "Shift" 键的同时单击鼠标右键，在弹出的快捷菜单中选择命令 "在此处打开命令窗口"，即可打开一个定位到该文件夹的命令行窗口，如图 1-2 所示，在该命令行窗口中可直接运行保存在该文件夹下（此处为 D:\myPython）的 Python 程序。

方法 2：进入 myPython 文件夹，在窗口的地址栏中输入 "cmd"（见图 1-3）后按回车键，进入定位到该文件夹的命令行窗口，如图 1-2 所示。

图 1-1　进入所创建的文件夹

图 1-2　命令行窗口

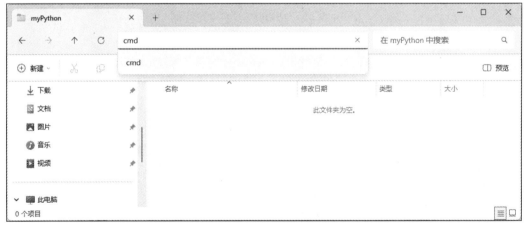

图 1-3　在窗口地址栏中输入"cmd"

（2）启动 Python 解释器

在提示符"D:\myPython>"后输入"python"，按回车键即可启动 Python 解释器，进入 Python 的交互式命令行环境。窗口首先显示一些信息，说明系统的版本号等情况；随后一行说明获得进一步信息的方式（通过"help"等命令）；最后一行显示符号串">>>"，称为提示符，在其后，用户可以看到一个闪动的光标，用户可以在此输入信息，如图 1-4 所示。在这种状态下，通过键盘输入的字符将显示在提示符之后，用户可以在这里输入要求 Python 解释器执行的命令（程序）。

< 3 >

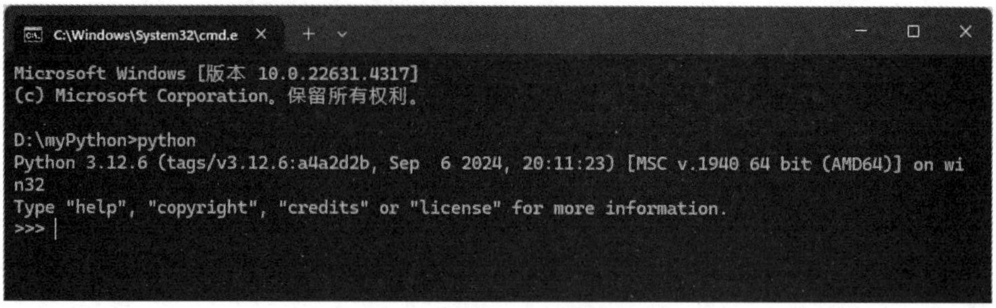

图 1-4　启动 Python 解释器

（3）在 Python 解释器中计算数学表达式的值

Python 解释器可被当作一个科学计算器，在 Python 解释器的提示符后面输入任意的数学表达式（当然要符合 Python 规范），Python 解释器可以马上给出计算结果。

在 Python 解释器中完成下列计算，如图 1-5 所示。

① 1+2+3×(4+5)。

② 复数运算：(3+4j)+(5−6j)。

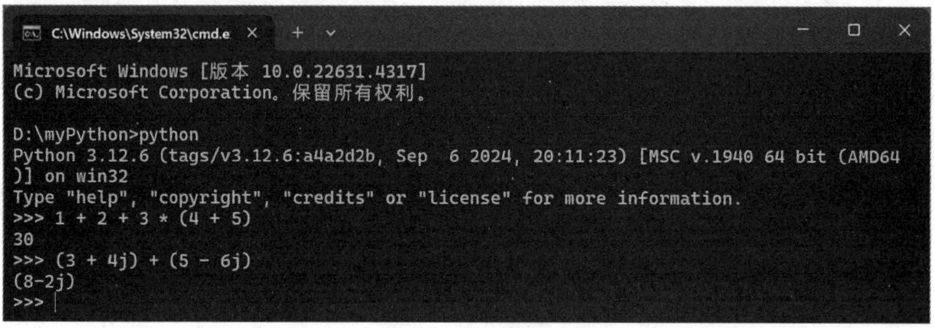

图 1-5　利用 Python 解释器计算数学表达式

提示：在提示符（>>>）后输入完数学表达式后，要按回车键才能看到计算结果（显示在新的一行上）。随后在下一行又出现提示符（>>>），这时，Python 解释器又等候用户输入新的数学表达式。

（4）在命令行窗口退出 Python 解释器

在 Python 解释器的提示符后执行 Python 内置函数 exit()（或 quit()），即可退出 Python 解释器，如图 1-6 所示。

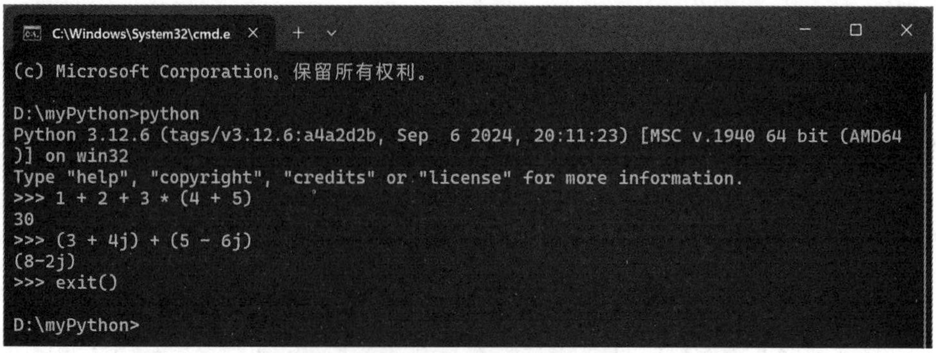

图 1-6　退出 Python 解释器

（5）在命令行窗口中执行 Python 程序

① 使用记事本编写一个 Python 程序，如图 1-7 所示，将该程序保存到 myPython 文件夹下。

< 4 >

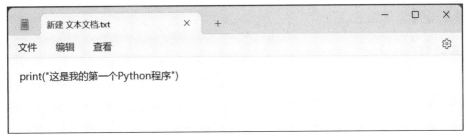

图 1-7　使用记事本编写 Python 程序

注意保存的 Python 程序文件扩展名一定为 ".py"（这里程序文件名为 ch1_1.py），在保存程序的对话框中要选择"保存类型(T)"为"所有文件(*.*)"，且"编码"为"UTF-8"，如图 1-8 所示。

图 1-8　保存 Python 程序

② 在命令行窗口中执行 Python 程序。在命令行窗口的提示符后输入 "python ch1_1.py"，如图 1-9 所示。

图 1-9　在命令行窗口执行 Python 程序

实际上，在命令行窗口的提示符后直接输入带扩展名的 Python 程序文件名也可执行该程序，如图 1-10 所示。

图 1-10　直接输入程序文件名执行程序

< 5 >

【案例 1-2】

1. 实验内容

在 Python IDLE 中编写并运行 Python 程序。

2. 实验步骤

Python IDLE 是 Python 软件包自带的一个集成开发环境，初学者可以利用它方便地创建、运行、测试和调试 Python 程序。在安装好 Python 软件包后，Python IDLE 就自动安装好了，它是一个图形用户界面（Graphical User Interface，GUI）的集成开发环境（Integrated Development Environment，IDE）。

（1）启动 Python IDLE

在屏幕左下角的 "开始" 菜单中选择 "IDLE(Python 3.12 64-bit)" 程序，即可启动 Python IDLE，打开 Shell 窗口，如图 1-11 所示。

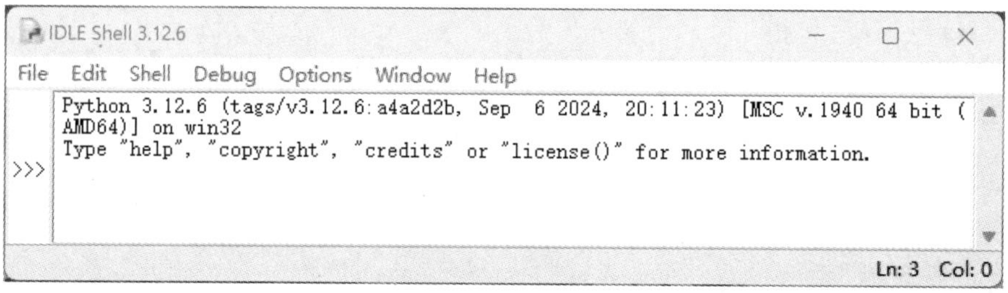

图 1-11　Shell 窗口

可看到，此窗口有点像前面已介绍的命令行窗口，此窗口也显示提示符并等待用户输入。在这个窗口里，用户可以更方便地输入和编辑。

（2）在 Python IDLE 中完成下列任务

① 显示 "欢迎学习 Python 语言"。

② 计算 2^{10}。

所输入的代码及代码执行结果如图 1-12 所示。

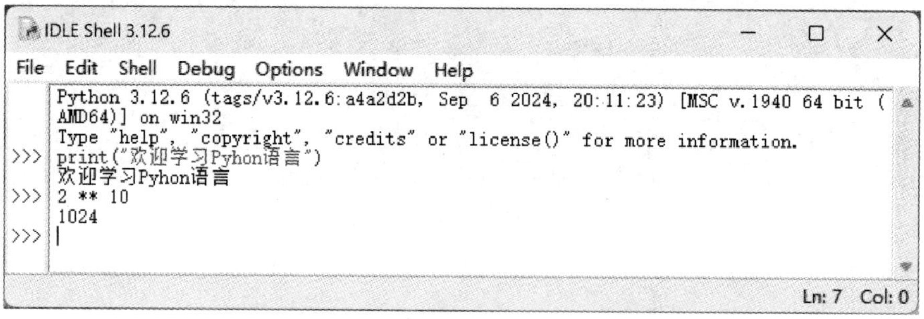

图 1-12　在 Python IDLE 中执行 Python 代码

（3）在 Python IDLE 中编程并运行程序

① 打开 Python IDLE 编辑器。在 Shell 窗口中执行 "File→New File" 菜单命令（见图 1-13），即可打开 Pyhon IDLE 自带的编辑器——IDLE 编辑器，如图 1-14 所示。这个 IDLE 编辑器不仅仅是一个文本编辑器，它还具有许多有用的功能，如自动缩进、语法高亮显示、单词自动完成及命令历史等，这些功能能够有效地提高我们的开发效率。

< 6 >

图 1-13　选择"New File"命令

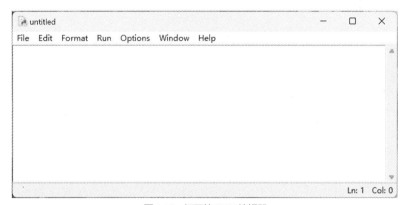

图 1-14　打开的 IDLE 编辑器

② 编辑程序。编写一个计算圆面积的程序，代码如下。

```
pi = 3.1416
r = 10
s = pi * r * r
print("半径为" + str(r) + "的圆面积是: " + str(s) )
```

在 IDLE 编辑器中输入代码，如图 1-15 所示。

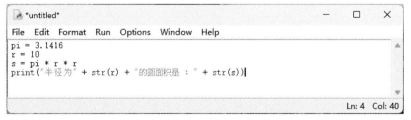

图 1-15　在 IDLE 编辑器中输入代码

从图 1-15 可以看出，系统函数和字符串使用的是特别的颜色，这就是所谓的"高亮显示"。

执行"File→Save"菜单命令，打开"另存为"对话框，将程序保存到 myPython 文件夹中，如图 1-16 所示。

这里保存的文件名为 ch1_2.py，在"文件名"文本框中，只要输入主文件名，IDLE 编辑器在保存文件时会默认添加扩展名".py"。保存好后，IDLE 编辑器顶部的标题栏会显示文件名和保存路径，如图 1-17 所示。

< 7 >

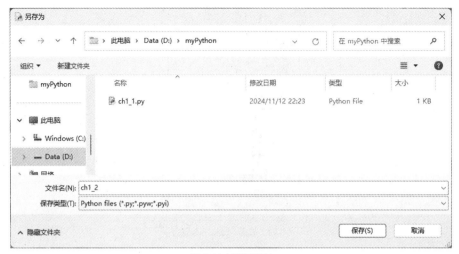

图 1-16 保存程序

图 1-17 IDLE 编辑器顶部标题栏显示文件名和保存路径

③ 运行程序。在 IDLE 编辑器中执行"Run→Run Module"菜单命令（或直接按"F5"键），即可运行程序。在 Shell 窗口中将显示运行结果，如图 1-18 所示。

图 1-18 程序运行结果

从图 1-18 可以看出，程序运行完毕后，系统回到提示符状态，等待后续 Python 命令（程序）的输入。

【案例 1-3】

1. 实验内容

在 Python IDLE 中进行 Python 程序调试。

2. 实验步骤

程序是很容易出错的。程序错误被称为 bug，而检查 bug 的过程称为调试（debugging）。

一个程序中可能出现 3 种类型的错误：语法错误、运行时错误和语义错误。对它们加以区分，有

< 8 >

助于高效地查找错误。

- **语法错误**：出现了不符合 Python 语法要求的语句（或系统不认识的指令）。碰到语法错误，系统会显示错误信息并退出。
- **运行时错误**：在程序运行后才会出现的错误。这类错误也称为异常。
- **语义错误**：也称为**逻辑错误**。出现语义错误，程序仍会运行，系统也不会给出任何错误信息，但运行结果不正确。这种错误是比较难以排除的。

下面简要介绍在 Python IDLE 中进入程序调试模式的方法。

（1）启动 Python IDLE

在屏幕左下角的"开始"菜单中选择"IDLE(Python 3.12 64-bit)"，启动 Python IDLE，进入 Shell 窗口，如图 1-19 所示。

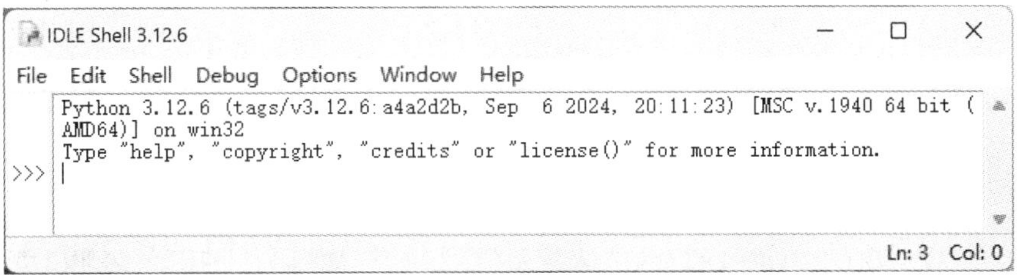

图 1-19　Shell 窗口

（2）打开需要调试的 Python 程序文件

在 Shell 窗口中，执行"File→Open"菜单命令打开需要调试的 Python 程序文件，如图 1-20 所示。

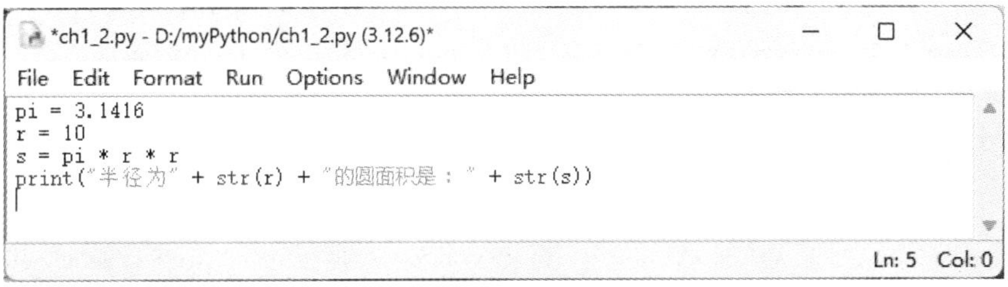

图 1-20　打开 Python 程序文件

（3）正常执行需要调试的程序

执行"Run→Run Module"菜单命令（或直接按"F5"键），运行一次该程序，系统自动返回 Shell 窗口，并显示程序的运行结果，如图 1-21 所示。

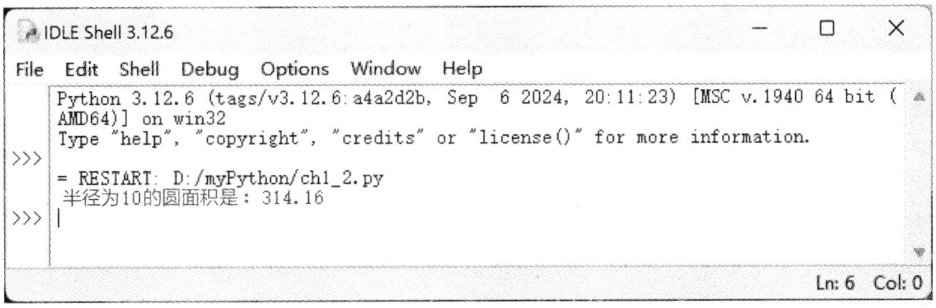

图 1-21　Shell 窗口显示程序运行结果

（4）进入程序调试模式

在 Shell 窗口中执行"Debug→Debugger"菜单命令，打开"Debug Control"窗口，如图 1-22 所示。

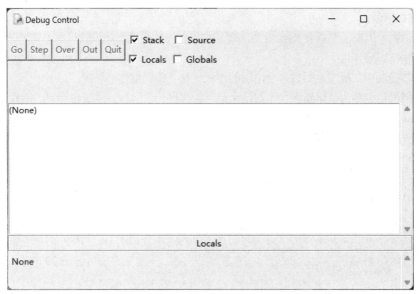

图 1-22 "Debug Control" 窗口

这时，Shell 窗口出现 "[DEBUG ON]" 及提示符 ">>>"，如图 1-23 所示，表明已进入程序调试模式。

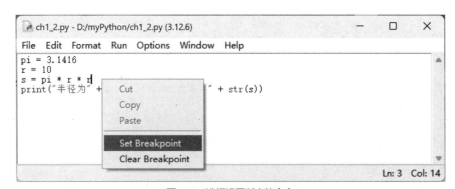

图 1-23 进入程序调试模式

（5）设置调试断点

这时，我们可在 IDLE 编辑器中设置断点，方法是：选择要设置断点的行（见图 1-24），单击鼠标右键，在弹出的快捷菜单中选择 "Set Breakpoint" 命令，此行为黄色显示，表明断点设置成功，程序运行到此行会暂停，如图 1-25 所示。

图 1-24 选择设置断点的命令

< 10 >

```
ch1_2.py - D:/myPython/ch1_2.py (3.12.6)                          —    □    ×
File  Edit  Format  Run  Options  Window  Help
pi = 3.1416
r = 10
s = pi * r * r
print("半径为" + str(r) + "的圆面积是：" + str(s))

                                                            Ln: 5  Col: 0
```

图 1-25 成功设置断点

（6）在程序调试模式下运行程序

按 "F5" 键，程序进入准备运行状态，如图 1-26 所示。

```
*IDLE Shell 3.12.6*                                               —    □    ×
File  Edit  Shell  Debug  Options  Window  Help
    Python 3.12.6 (tags/v3.12.6:a4a2d2b, Sep  6 2024, 20:11:23) [MSC v.1940 64 bit (
    AMD64)] on win32
    Type "help", "copyright", "credits" or "license()" for more information.
>>> [DEBUG ON]
>>>
    ========================= RESTART: D:/myPython/ch1_2.py =========================

                                                            Ln: 6  Col: 0
```

图 1-26 程序进入准备运行状态

这时可以观察 "Debug Control" 窗口，它显示了待调试程序的一些信息，如图 1-27 所示。

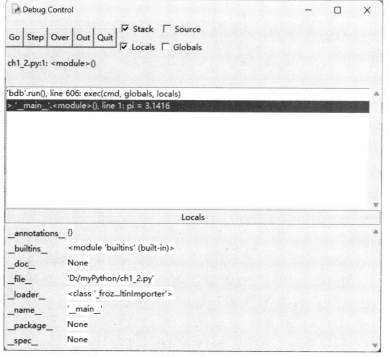

图 1-27 进入调试状态的 "Debug Control" 窗口

< 11 >

在"Debug Control"窗口中间部分，可看到提示信息有"line 1: pi = 3.1416"，说明系统准备运行程序的第一行代码。

单击上方的"Go"按钮，程序运行到断点行，提示信息有所改变，如图 1-28 所示。

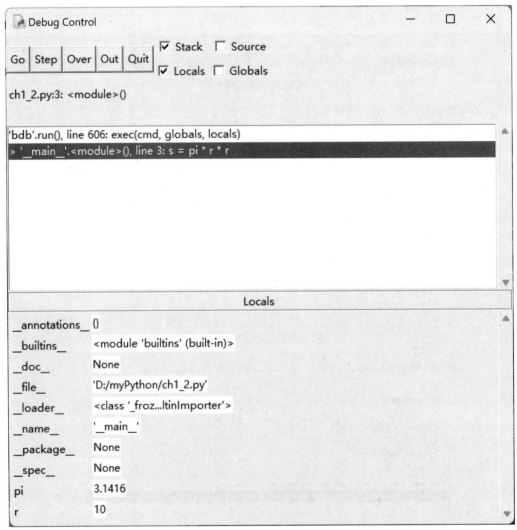

图 1-28　运行到断点行时提示信息发生变化

我们可看到提示信息变为"line 3: s = pi * r * r"，且窗口最下方增加了以下信息。

```
pi          3.1416
r           10
```

由此可以观察到各变量的当前值是多少。

（7）完成调试

对于"Debug Control"窗口，我们可以根据实际需求选择所要显示的内容，如"Stack""Source""Locals""Globals"等。单击"Go"按钮即可运行到断点行（一直运行，直到遇到断点行）；单击"Step"按钮将一行行往下运行；单击"Over"按钮将进入所调用函数内部，单击"Out"按钮将跳出函数体；单击"Quit"按钮将停止运行。

在上述运行的基础上，单击"Over"按钮，得到图 1-29 所示信息。

< 12 >

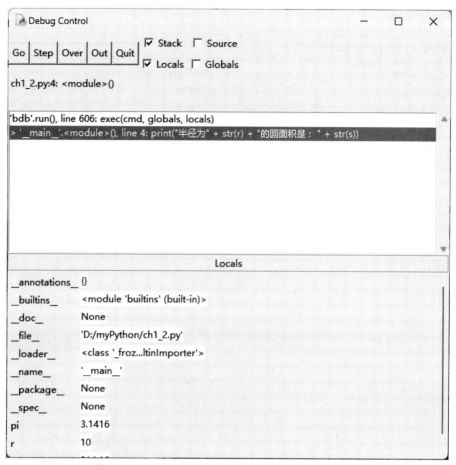

图 1-29 程序运行完毕时"Debug Control"窗口显示的信息

此时，Shell 窗口显示的信息如图 1-30 所示。

```
*IDLE Shell 3.12.6*                                         —  □  ×
File  Edit  Shell  Debug  Options  Window  Help
      Python 3.12.6 (tags/v3.12.6:a4a2d2b, Sep  6 2024, 20:11:23) [MSC v.1940 64 bit (
      AMD64)] on win32
      Type "help", "copyright", "credits" or "license()" for more information.
>>>   [DEBUG ON]
>>>
      ======================= RESTART: D:/myPython/ch1_2.py =======================

      ======================= RESTART: D:/myPython/ch1_2.py =======================
      半径为10的圆面积是：314.16
>>>   [DEBUG ON]
>>>
```

图 1-30 程序运行完毕时 Shell 窗口显示的信息

1.3 实验内容

1. 使用命令行窗口的 Python 解释器运行下列代码。

```
print("Python 语言能够帮助我们提高工作效率！")
high = 8
```

< 13 >

```
width =15
print('矩形面积 = ', width * high)
```

2. 使用 Shell 窗口运行下列代码。

```
yy = 2000
mm = 8
dd = 18
print('我的生日是', yy, '年', mm, '月', dd, '日')
days = 31 + 29 + 31 + 30 + 31 + 30 + 30 + 18
print( yy, '年', mm, '月', dd, '日是', yy, '年的第', days, '天。')
```

3. 编写并运行代码，要求不使用第三个变量，实现两个变量值的互换。

4. 已知重力加速度 g=9.8m/s^2，有一个小铁球从高空自由下落，设其初速度大小为 0，请编写并运行程序，计算小铁球下落时间 t=4s 时，它总共下落的距离 x。（提示：自由落体的位移公式为 $x=\frac{1}{2}gt^2$。）

< 14 >

第 *2* 章　数据类型与常用内置对象

2.1　实验目的及要求

（1）掌握 Python 中变量的赋值、链式赋值、解包赋值与删除方法。

（2）掌握 Python 中各种运算符的作用、优先级，以及各种表达式的书写与计算方法。

（3）掌握常用内置函数的运用方法。

（4）掌握常用内置模块 math、random、turtle、time 等的导入方法与常用函数的运用方法。

2.2　实验案例

【案例 2-1】

1. 实验内容

请在 Python IDLE 中计算并显示变量 a、b、c、d、e 的值：

① $a = -3 \times 8 + 9^3$ ；

② $b = \left(120 \div 6 - 5 \times 4 + 2^8\right) \div 2$ ；

③ $c = \sin 60° + 2\cos 30°$ ；

④ $d = 3\sqrt{90} \times e^2 \div \ln 10$ ；

⑤ $e = \left| -90 \lg 10 + \sqrt[4]{36} - 4! \right|$ 。

2. 实验步骤

计算和查看变量值的过程如图 2-1 所示，步骤描述如下。

```
>>> a=-3*8+9**3
>>> a
705
>>> b=(120/6-5*4+2**8)/2
>>> b
128.0
>>> import math
>>> c=math.sin(60*math.pi/180)+2*math.cos(30*math.pi/180)
>>> c
2.598076211353316
>>> d=3*math.sqrt(90)*math.pow(math.e,2)/math.log(10)
>>> d
91.33048933664644
>>> e=math.fabs(-90*math.log(10,10)+math.pow(36,1/4)-math.factorial(4))
>>> e
111.55051025721683
>>>
```

图 2-1　案例 2-1 详细过程

① 启动 Python IDLE，打开 Shell 窗口，在提示符（>>>）后输入“a=-3*8+9**3”，按回车键后在新行输入“a”，再次按回车键可查看变量 a 的值，为 705。

② 在提示符（>>>）后输入“b=(120/6-5*4+2**8)/2”，按回车键后在新行输入“b”，再次按回车键可查看变量 b 的值，为 128.0。

③ math 模块中有 sin(x)和 cos(x)函数，函数参数 x 为弧度，我们可利用公式$\frac{\pi y}{180}$将角度 y 转换成弧度。在提示符（>>>）后面输入“import math”并按回车键，导入 math 模块。在新行输入“c=math.sin(60*math.pi/180)+2*math.cos(30*math.pi/180)”，按回车键后在新行输入“c”，再次按回车键可查看变量 c 的值，为 2.598076211353316。

④ 在 math 模块，sqrt(x)函数可用于求平方根，log(x)函数可用于求以 e 为底的 x 的对数。前面已导入 math 模块，无须再次导入。直接在提示符（>>>）后输入“d=3*math.sqrt(90)*math.pow(math.e,2)/math.log(10)”，按回车键后在新行输入“d”，再次按回车键可查看变量 d 的值，为 91.33048933664644。

⑤ 在 math 模块中，log(x,10)函数可用于求以 10 为底的 x 的对数，pow(x,y)函数可用于求 x 的 y 次方，factorial(x)函数可用于求 x 的阶乘，fabs(x)函数可用于求 x 的绝对值。在提示符（>>>）后输入“e=math.fabs(-90*math.log(10,10)+math.pow(36,1/4)-math.factorial(4))”，按回车键后在新行输入“e”，再次按回车键可查看变量 e 的值，为 111.55051025721683。

注意：（1）在 Python IDLE 中要查看某变量的值，可以在提示符（>>>）后输入变量名，再按回车键即可；（2）math 模块不需要重复导入；（3）第 4 个表达式中的 math.pow()函数可用内置函数 pow()替换；（4）第 5 个表达式中的 math.fabs()函数可用内置函数 abs()替换。

【案例 2-2】

1．实验内容

求十进制整数 119 相应的二进制数、八进制数、十六进制数。

2．实验步骤

分别调用内置函数 bin()、oct()和 hex()求十进制整数 119 相应的二进制数、八进制数和十六进制数，如图 2-2 所示，步骤描述如下。

① 启动 Python IDLE，打开 Shell 窗口，在提示符（>>>）后输入“a=119”并按回车键。

② 在“>>>”后输入“bin(a)”，按回车键后显示“0b1110111”，此即为 119 的二进制数。

③ 在 "＞＞＞" 后输入 "oct(a)"，按回车键后显示 "0o167"，此即为 119 的八进制数。

④ 在 "＞＞＞" 后输入 "hex(a)"，按回车键后显示 "0x77"，此即为 119 的十六进制数。

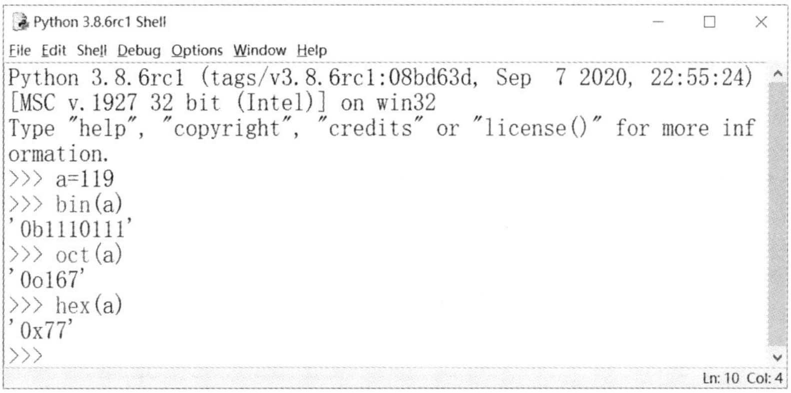

图 2-2　案例 2-2 详细过程

【案例 2-3】

1. 实验内容

绘制一个边长为 200 像素的绿色正边形。

2. 实验步骤

在 Python IDLE 中输入图 2-3 所示代码。具体步骤如下。

① 导入 turtle 模块：在 "＞＞＞" 后输入 "import turtle as t"，其中 t 为 turtle 的别名，可方便后面函数的输入。

② 设置画笔的颜色：在 "＞＞＞" 后输入 "t.pencolor('green')"。打开 "Python Turtle Graphics" 窗口，窗口中心有一个水平向右的绿色箭头 ➤（画笔）。

③ 向右画一条长为 200 像素的直线：在 "＞＞＞" 后输入 "t.forward(200)"。观察画笔的方向，可发现还是水平向右（➤）。

④ 将画笔向左旋转 90°：在 "＞＞＞" 后输入 "t.left(90)"。按回车键后观察画笔的方向，为垂直向上（▲）。

⑤ 向上画一条长为 200 像素的直线：在 "＞＞＞" 后输入 "t.forward(200)"。观察画笔的方向，可发现还是垂直向上（▲）。

⑥ 将画笔向左旋转 90°：在 "＞＞＞" 后输入 "t.left(90)"。按回车键后观察画笔的方向，为水平向左（◀）。

⑦ 向左画一条长为 200 像素的直线：在 "＞＞＞" 后输入 "t.forward(200)"。观察画笔的方向，可发现还是水平向左（◀）。

⑧ 将画笔向左旋转 90°：在 "＞＞＞" 后输入 "t.left(90)"。按回车后观察画笔的方向，为垂直向下（▼）。

⑨ 向下画一条长为 200 像素的直线：在 "＞＞＞" 后输入 "t.forward(200)"。按回车键后可发现直线与起点重合，正方形完成，如图 2-4 所示。

注意：利用 turtle 模块画图时，每执行完一条语句，都要观察画笔的位置和方向。观察图 2-4 可发现，正方形位于窗口的右上方。思考：如果要求画出的正方形位于窗口的正中央，此种情况下该怎么办？【提示：调用 goto(x,y) 函数移动画笔的初始位置。】

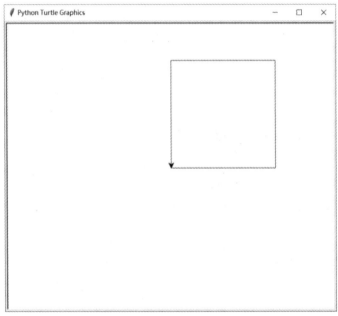

图 2-3　案例 2-3 的代码输入

图 2-4　案例 2-3 绘制结果

2.3　实验内容

1. 已知 $a=6$、$b=8$，利用 Python IDLE 求下列表达式的值：

① $ab+b^a$ ；

② $\sqrt[3]{|ab\ln a-5!|}$ ；

③ $a\sin30°+b\cos90°-\sqrt[a]{b}$ ；

④ $a<b$ and $(a+b)<ab$ ；

⑤ $(a$ is $b)$ or $(a==6)$ ；

⑥ list(range(1,11)) ；

⑦ sum(range(1,11)) ；

⑧ len(['ab', 'cde']) 。

< 18 >

2. 已知 a=98.865、b=5，利用 Python IDLE 计算 a 和 b 相除的商与余数。

3. 以画布中心为圆心，画两个半径分别为 r_1、r_2 的红色同心圆。r_1 和 r_2 均是小于等于 100 且大于等于 50 的随机整数。

4. 显示当前的日期和时间，用两种不同格式显示：'Wed Mar　3 17:03:37 2021'、'2021-03-03 Wed 17:03:37'。（注：这里所给日期和时间仅作演示用，读者在上机实验时，代码运行结果将为当时实际日期和时间。）

5. 先生成[1,100]范围内的随机浮点数，并且保留 2 位小数；再生成[1,100]范围内的随机整数。

< 19 >

第 **3** 章　数据输入输出

3.1　实验目的及要求

（1）掌握输入函数 input 的使用方法。

（2）掌握 print 函数无格式输出、%格式输出、format 格式输出的使用方法。

（3）掌握顺序结构中语句的执行过程。

（4）能设计简单的顺序结构程序。

3.2　实验案例

【案例 3-1】

1. 实验内容

求解一元二次方程 $x^2 - 4x - 5 = 0$ 的解。

2. 实验步骤

对于本实验，可采用顺序结构程序，分以下 3 个步骤实现。

（1）数据的输入：一元二次方程的 3 个系数 a=1、b=-4、c=-5。

（2）数据的计算：根据公式计算一元二次方程的解 $x = \dfrac{-b \pm \sqrt{d}}{2a}$，其中，$d$=$b^2-4ac$。

（3）数据的输出：利用 print 函数输出方程的解。

在 IDLE 编辑器中输入图 3-1 所示代码。

```
import math
a=1
b=-4
c=-5
d=b**2-4*a*c
x1=(-b+math.sqrt(d))/(2*a)
x2=(-b-math.sqrt(d))/(2*a)
print("x1=",x1,"x2=",x2)
```

图 3-1　案例 3-1 程序代码

3．执行程序

执行"Run→Run Module"菜单命令（或按"F5"键）运行程序，运行结果如图 3-2 所示。

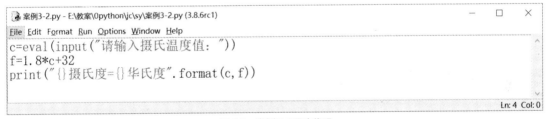

图 3-2　案例 3-1 程序运行结果

【案例 3-2】

1．实验内容

编写程序，将摄氏温度 c 转换成华氏温度 f。它们之间的关系为 $f = 1.8c + 32$。

2．实验步骤

（1）输入摄氏温度：调用 input 函数，输入数据赋给变量 c。

（2）数据处理：利用公式 f=1.8*c+32 计算对应的华氏温度值。

（3）输出华氏温度值：调用 print 函数输出变量 f 的值。

在 IDLE 编辑器中输入图 3-3 所示代码。

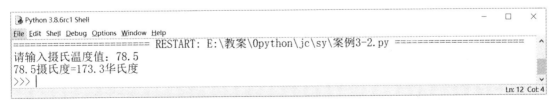

图 3-3　案例 3-2 程序代码

3．执行程序

执行"Run→Run Module"菜单命令（或按"F5"键）运行程序，运行结果如图 3-4 所示。

图 3-4　案例 3-2 程序运行结果

【案例 3-3】

1．实验内容

输出图 3-5 所示图案。

< 21 >

```
     *
    ***
   *****
  *******
 *********
     *
     *
     *
     *
     *
```

图 3-5　案例 3-3 图案

2. 实验步骤

图案第 5 行最宽，共 9 个 "*"。第 1、第 6~10 行均只有一个 "*"，且位于正中间，可用 format() 函数的居中对齐格式控制符 "^" 来控制输出。每一行输出的宽度可设置为大于或等于 9 的数字，如只有 1 个 "*" 的行的代码为 "print('{:^9}'.format('*'))"，其他行可用同样的方法来控制宽度和对齐方式。本实验的完整代码如图 3-6 所示。

图 3-6　案例 3-3 程序代码

3.3 实验内容

1. 编写程序，实现以下功能：输入圆的半径，计算并输出圆的周长和面积。程序的输入输出数据如下。

```
请输入圆的半径：5
圆的周长为：31.42
圆的面积为：78.54
```

2. 编写程序，实现以下功能：输入一个 3 位正整数，输出其个位、十位和百位上数字之和。程序的输入输出数据如下。

```
请输入一个 3 位正整数：678
个位、十位、百位上数字之和为：21
```

3. 编写程序，实现以下功能：将输入的华氏温度 f 转换成摄氏度 c，转换公式为 $c = \dfrac{f-32}{1.8}$。程序的输入输出数据如下。

```
请输入华氏温度：100
等于 37.8 摄氏度
```

4. 编写程序，实现以下功能：输入本金 b、年利率 r 和年份 n，计算复利 $v=b(1+r)^n$。程序的输入

< 22 >

输出数据如下。

请输入本金（元）：10000
请输入年利率（%）：4.5
请输入年份（正整数）：5
本金10000元，年利率4.5%，5年后，合计得12461.82元

5. 编写程序，输出图 3-7 所示图案。

图 3-7　第 5 题图

6. 编写程序，按图 3-8 所示格式输出成绩单。

```
Python 3.8.6rc1 Shell                                    —   □   ×
File Edit Shell Debug Options Window Help
 姓名      成绩
 张宇航      93
 吴雨晴      90
 谢可欣      73
 杨思晨      98
 何千程      87
 黄艳玲      88
>>>
                                                      Ln: 12 Col: 4
```

图 3-8　第 6 题图

< 23 >

第 4 章 选择结构

4.1 实验目的及要求

（1）掌握选择结构中表达式的表示方法。
（2）掌握 if 单分支语句的使用方法。
（3）掌握 if 双分支语句的使用方法。
（4）掌握 if 多分支语句的使用方法。
（5）掌握 if 嵌套结构的使用方法。

4.2 实验案例

【案例 4-1】

1. 实验内容

计算并输出以下分段函数的值（保留 1 位小数）。其中，x 的值通过键盘输入。

$$f(x) = \begin{cases} -x\sin 30°, & x < 0, \\ \dfrac{\sqrt{x^2 + \cos 30°}}{5}, & x \geqslant 0。 \end{cases}$$

2. 实验步骤

（1）输入数据：调用 input 函数接收键盘的输入，并赋给变量 x。
（2）处理数据：判断 x 与 0 的大小关系，分两种情况计算函数值。
（3）输出结果：调用 print 函数输出计算结果。

sin 函数、cos 函数、sqrt 函数属于 math 模块中的函数，调用前要导入 math 模块。程序代码如图 4-1 所示。

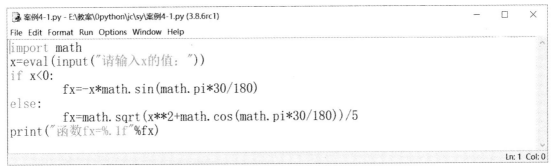

```
import math
x=eval(input("请输入x的值："))
if x<0:
        fx=-x*math.sin(math.pi*30/180)
else:
        fx=math.sqrt(x**2+math.cos(math.pi*30/180))/5
print("函数fx=%.1f"%fx)
```

图 4-1　案例 4-1 程序代码

3. 执行程序

执行 "Run→Run Module" 菜单命令（或按 "F5" 键）运行程序，在 Shell 窗口中将显示程序运行结果。程序有两个分支，需要运行两次，分别输入小于 0 的数和大于或等于 0 的数测试程序，两次运行结果如图 4-2 所示。

图 4-2　案例 4-1 程序运行结果

【案例 4-2】

1. 实验内容

身体质量指数（Body Mass Index，BMI）是目前国际上常用的用于衡量人体胖瘦程度及是否健康的一个指标，其等于体重（单位：kg）除以身高（单位：m）的平方。成人的 BMI 数值与胖瘦关系如下。

偏瘦：BMI < 18.5。

正常：18.5≤BMI < 25。

偏胖：25≤BMI < 28。

肥胖：28≤BMI < 32。

严重肥胖：≥32。

编写程序，用于计算 BMI 数值，并输出提示信息。

2. 实验步骤

（1）输入数据：两次调用 input 函数，将输入数据分别赋值给体重变量 w 和身高变量 h。

（2）处理数据：根据公式 b=w/(h**2) 计算 BMI 数值。

（3）输出结果：b 的值有 5 种可能范围，输出相应的提示信息。采用 if 多分支结构表达 5 种情况比较合适。

程序代码如图 4-3 所示。

< 25 >

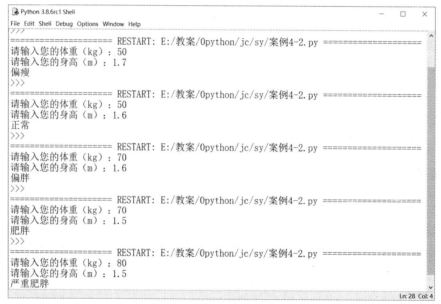

图 4-3 案例 4-2 程序代码

3. 执行程序

执行"Run→Run Module"菜单命令（或按"F5"键）运行程序，在 Shell 窗口中将显示程序运行结果。结果有 5 种可能，因此我们需要运行程序 5 次，输入 5 组不同情况的体重和身高，确保 5 个分支都得到测试。5 次运行结果如图 4-4 所示。

图 4-4 案例 4-2 程序运行结果

4.3 实验内容

1. 将案例 4-2 中的多分支结构改成单分支结构。

2. 编写程序，实现以下功能：通过键盘输入一个正整数，判断其奇偶性。两次测试的输入输出数据如下。

请输入一个正整数：89

89 是奇数!

< 26 >

请输入一个正整数：90

90 是偶数！

3. 编写程序，计算一元二次方程 $ax^2+bx+c=0$ 的根。已知 $d=b^2-4ac$，如果 $d>0$，方程有两个不同的实根 $x=\dfrac{-b\pm\sqrt{d}}{2a}$；如果 $d=0$，方程有一个实根 $x=\dfrac{-b}{2a}$；如果 $d<0$，方程无实根。输入输出数据如下。

请输入一元二次方程的系数 a：4

请输入一元二次方程的系数 b：7

请输入一元二次方程的系数 c：2

方程有两个不同的实根：-0.36，-1.39

4. 编写程序，实现以下功能：通过键盘输入 3 个数，判断它们能否构成三角形的 3 条边长，如果能则计算三角形的面积，如果不能则输出提示信息。a、b、c 为三角形的 3 条边长，它们必须满足以下两个条件：（1）都是正数；（2）任意两边长之和大于第三条边的边长。

第一次测试运行的输入输出数据如下。

请输入实数 a：4

请输入实数 b：5

请输入实数 c：6

三角形的面积为：9.92

第二次测试运行的输入输出数据如下。

请输入实数 a：6

请输入实数 b：4

请输入实数 c：11

6、4、11 不能构成三角形的 3 条边长！

第三次测试运行的输入输出数据如下。

请输入实数 a：-5

请输入实数 b：4

请输入实数 c：5

有负数，不能构成三角形的 3 条边长！

5. 编写程序，实现以下功能：通过键盘输入 3 个数，找出其中的最大数。输入输出数据如下。

请输入第 1 个数：56

请输入第 2 个数：43

请输入第 3 个数：89

最大数为：89

< 27 >

第 5 章　循环结构

5.1　实验目的及要求

（1）掌握 while 循环语句、for 循环语句的使用方法。
（2）掌握 else 子句、break 语句、continue 语句在循环中的使用方法。
（3）掌握循环嵌套的使用方法。
（4）掌握累加求和、连乘求积、穷举法等常见算法的使用方法。

5.2　实验案例

【案例 5-1】

1. 实验内容

编写程序，输出所有的水仙花数。

2. 实验步骤

水仙花数是指一个 3 位数，其各位数字的立方和等于这个数本身。例如，153 就是一个水仙花数（$153=1^3+5^3+3^3$）。

水仙花数是一个 3 位数，范围在 100～999。我们可利用 for 循环对 100～999 的每一个数进行判别，对于每一个数，分解出其百位、十位和个位上的数字，再判别其是否满足水仙花数的条件。

程序代码如图 5-1 所示。

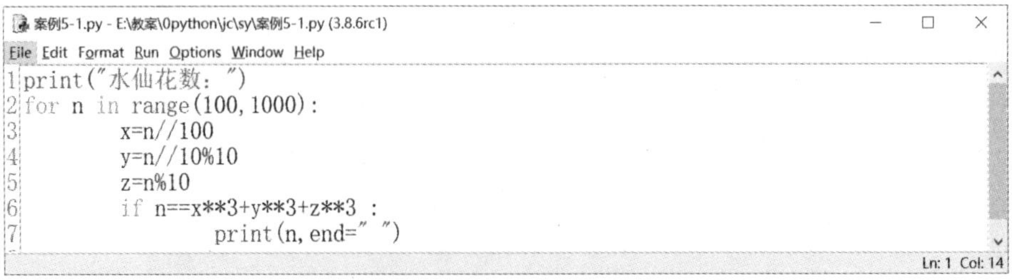

```
案例5-1.py - E:\教案\0python\jc\sy\案例5-1.py (3.8.6rc1)         —    □    ×
File Edit Format Run Options Window Help
1 print("水仙花数：")
2 for n in range(100, 1000):
3         x=n//100
4         y=n//10%10
5         z=n%10
6         if n==x**3+y**3+z**3 :
7                 print(n, end=" ")
                                                              Ln: 1 Col: 14
```

图 5-1　案例 5-1 程序代码

注：range(100,1000)生成的数包括 100，不包括 1000，步长为 1。变量 x 为百位上的数字，变量 y 为十位上的数字，变量 z 为个位上的数字。第 7 行中的“end=" "”指定输出的各数之间为空格，以保证所有的水仙花数在同一行输出。

3．执行程序

执行“Run→Run Module”菜单命令（或按“F5”键）运行程序，运行结果如图 5-2 所示。

```
Python 3.8.6rc1 Shell
File Edit Shell Debug Options Window Help
Python 3.8.6rc1 (tags/v3.8.6rc1:08bd63d, Sep  7 2020, 22:55:24) [MSC v.1927 32 bit (
Intel)] on win32
Type "help", "copyright", "credits" or "license()" for more information.
>>>
==================== RESTART: E:\教案\0python\jc\sy\案例5-1.py ===================
水仙花数:
153 370 371 407
>>>
                                                                    Ln: 7 Col: 4
```

图 5-2　案例 5-1 程序运行结果

【案例 5-2】

1．实验内容

编写程序，求 1!+3!+5!+7!+9!。

2．实验步骤

本实验要求是 10 以内奇数的阶乘之和，可先用连乘求积算法求阶乘，再用累加求和算法求和。具体代码如图 5-3 所示。

```
案例5-2.py - E:/教案/0python/jc/sy/案例5-2.py (3.8.6rc1)
File Edit Format Run Options Window Help
1 t=1
2 s=0
3 for n in range(1,10):
4         t=t*n
5         if n%2==0 : continue
6         s=s+t
7 print("1! +3! +5! +7! +9! =",s)
                                                                    Ln: 8 Col: 0
```

图 5-3　案例 5-2 程序代码

说明：变量 t 存储乘积，初值为 1。变量 s 存储累加和，初值为 0。n 为 1～9 的自然数，每次循环先计算 n 的阶乘，当 n 为偶数时，不累加，用 continue 语句退出本次循环，不执行第 6 行的求和语句，直接进入下一次循环；当 n 为奇数时，执行第 6 行的求和语句。

3．执行程序

执行“Run→Run Module”菜单命令（或按“F5”键）运行程序，运行结果如图 5-4 所示。

```
Python 3.8.6rc1 Shell
File Edit Shell Debug Options Window Help
Python 3.8.6rc1 (tags/v3.8.6rc1:08bd63d, Sep  7 2020, 22:55:24) [MSC v.1927 32 bit (I
ntel)] on win32
Type "help", "copyright", "credits" or "license()" for more information.
>>>
==================== RESTART: E:/教案/0python/jc/sy/案例5-2.py ===================
1! +3! +5! +7! +9! = 368047
>>>
                                                                    Ln: 6 Col: 4
```

图 5-4　案例 5-2 程序运行结果

【案例 5-3】

1．实验内容

编写程序求解“百钱买百鸡”问题：公鸡每只 5 元，母鸡每只 3 元，小鸡 3 只 1 元，现在要用 100 元买 100 只鸡，问公鸡、母鸡和小鸡各买几只？

2．实验步骤

假设 100 元可以买公鸡 x 只、母鸡 y 只、小鸡 z 只，则 x、y、z 满足下列方程组：

$$\begin{cases} x+y+z=100, \\ 5x+3y+\dfrac{z}{3}=100。 \end{cases}$$

3 个未知数、两个方程，无法直接求出解，可用枚举法。如果用 100 元全部买公鸡，可以买 100/5=20 只，变量 x 的取值范围为 0～20。如果用 100 元全部买母鸡，最多可以买 100//3=33 只，变量 y 的取值范围为 0～33。利用双层循环逐一验证条件。具体代码如图 5-5 所示。

```
案例5-3.py - E:/教案/0python/jc/sy/案例5-3.py (3.8.6rc1)
File Edit Format Run Options Window Help
for x in range(21):
        for y in range(34):
                z=100-x-y
                if z>=0 and 5*x+3*y+z/3==100:
                        print("公鸡%d只，母鸡%d只，小鸡%d只"%(x,y,z))
Ln: 6 Col: 0
```

图 5-5　案例 5-3 程序代码

3．执行程序

执行“Run→Run Module”菜单命令（或按“F5”键）运行程序，运行结果如图 5-6 所示。

```
Python 3.8.6rc1 Shell
File Edit Shell Debug Options Window Help
Python 3.8.6rc1 (tags/v3.8.6rc1:08bd63d, Sep  7 2020, 22:55:24) [MSC v.1927 32 bit (Intel)] o
n win32
Type "help", "copyright", "credits" or "license()" for more information.
>>>
==================== RESTART: E:/教案/0python/jc/sy/案例5-3.py ====================
公鸡0只，母鸡25只，小鸡75只
公鸡4只，母鸡18只，小鸡78只
公鸡8只，母鸡11只，小鸡81只
公鸡12只，母鸡4只，小鸡84只
>>>
Ln: 9 Col: 4
```

图 5-6　案例 5-3 程序运行结果

5.3 实验内容

1. 编写程序，求 1+2+3+…+100 和 $1^2+2^2+3^2+\cdots+100^2$。输出数据如下。

```
s1= 5050 s2= 338350
```

2. 编写程序，实现猜数字游戏。系统随机产生一个 100～200 的整数，玩家通过键盘输入所猜数字，若猜中，则系统提示“恭喜你!”，退出游戏；若猜错，则系统显示输入的数字与随机数之间的大小关系，并且询问是否继续玩猜数字游戏，玩家可以选择继续猜数字直到猜中结束，也可以选择中途退出游戏。

3. 编写程序，输出 1～100 所有的素数和素数的个数，每一行输出 5 个数，输出效果如下。

```
1     3     5     7     11
13    17    19    23    29
31    37    41    43    47
53    59    61    67    71
73    79    83    89    97
num=25
```

4. 使用 turtle 模块绘制图 5-7 所示的图形。

图 5-7　第 4 题图

5. 输出码值为 33～127 的 ASCII 码值与字符对照表，一行输出 10 对，输出效果可参考图 5-8 所示。

ASCII码值与字符对照表									
33 !	34 "	35 #	36 $	37 %	38 &	39 '	40 (	41)	42 *
43 +	44 ,	45 -	46 .	47 /	48 0	49 1	50 2	51 3	52 4
53 5	54 6	55 7	56 8	57 9	58 :	59 ;	60 <	61 =	62 >
63 ?	64 @	65 A	66 B	67 C	68 D	69 E	70 F	71 G	72 H
73 I	74 J	75 K	76 L	77 M	78 N	79 0	80 P	81 Q	82 R
83 S	84 T	85 U	86 V	87 W	88 X	89 Y	90 Z	91 [	92 \
93]	94 ^	95 _	96 `	97 a	98 b	99 c	100 d	101 e	102 f
103 g	104 h	105 i	106 j	107 k	108 l	109 m	110 n	111 o	112 p
113 q	114 r	115 s	116 t	117 u	118 v	119 w	120 x	121 y	122 z
123 {	124		125 }	126 ~	127 DEL					

图 5-8　第 5 题图

6. 猴子吃桃问题：猴子第一天摘下若干个桃子，当即吃了一半，还不过瘾，又多吃了一个；第二天早上，猴子将剩下的桃子吃掉一半，又多吃了一个；以后每天早上，猴子都吃掉前一天剩下的一半再加一个，到第 10 天早上再吃时，猴子发现只剩下一个桃子。编写程序，求猴子第一天总共摘下的桃子数量。

< 31 >

第6章 字符串

6.1 实验目的及要求

掌握字符串的概念以及常用的使用方法。

6.2 实验案例

【案例6-1】

1. 实验内容

编写程序，实现以下功能：如果字符串中有中文和英文，程序单独输出中文和英文。

2. 实验步骤

（1）思路剖析

① 分别给定一个接纳英文和中文的空列表。

② 给定一个空字符串 m。

③ 遍历字符串，如果字符属于英文字母，则将其加入空字符串 m；遍历完后，将字符串 m 中的所有字符添加到接纳英文的列表，之后清空字符串 m。

④ 再次遍历字符串，如果字符的 UTF-8 中文编码属于 u4E00～u9FA5 范围，则将其加入空字符串 m；遍历完后，将字符串 m 中的所有字符添加到接纳中文的列表。

（2）编写代码

程序代码如下。

```
s='中国 China 天空 sky 大地 groud'
c=[ ]
e=[ ]
m=' '
for ch in s:
    if 'a'<=ch<='z' or 'A'<=ch<='Z':
        m+=ch
    elif m:
            e.append(m)
            m=' '
```

```
if m:
        e.append(m)
        m=''
for ch in s:
    if 0x4E00<=ord(ch)<=0x9FA5: #UTF-8 中文编码为 u4E00～u9FA5 范围的字符

        m+=ch
    elif m:
        c.append(m)
        m=''
if m:
    c.append(m)
    m=''
print(c)
print(e)
```

【案例 6-2】

1. 实验内容

编写程序，实现以下功能：输入两个字符串，从第一个字符串中删除第二个字符串中所有的字符。例如，从字符串"They are students."中删除字符串"aeiou"中的所有字符。

2. 实验步骤

（1）思路剖析

遍历第一个字符串，如果其中有第二个字符串中的字符，则利用 replace() 方法替换为空。

（2）编写代码

程序代码如下。

```
s1 = input('s1 输入: ')
s2 = input('s2 输入: ')
for i in s1:                        #利用 i 循环遍历 s1 中所有的字符
    if i in s2:                     #判定 i 是否为 s2 中的字符
        s1 = s1.replace(i,'')       #是则替换为空
print(s1)
```

【案例 6-3】

1. 实验内容

编写程序，实现一个字符串清理工具，其功能是可去除字符串中的多余空格、特定字符，并将字符串格式化为标题格式（每个单词首字母大写，其余字母小写）。

2. 实验步骤

（1）思路剖析

① 创建包含多余空格和特定字符的字符串。

② 使用 split() 方法按空格将字符串分割成单词列表，自动去除多余空格。

③ 遍历每个单词列表，去除末尾的特定字符，并使用 capitalize() 方法统一格式。

④ 重新组合单词列表并输出结果。

（2）编写代码

程序代码如下。

```
text = " hello, world! welcome to, python.   "
```

< 33 >

```
symbols_to_remove = [",", ".", "!"]

# 去除多余空格并格式化
words = text.split()
formatted_words = []

for word in words:
    for symbol in symbols_to_remove:
        word = word.replace(symbol, "")
    formatted_words.append(word.capitalize())

cleaned_text = " ".join(formatted_words)
print("清理后的文本: ", cleaned_text)
```

【案例 6-4】

1. 实验内容

编写程序，统计字符串中每个字母的频数，忽略大小写，并输出频数最高的 3 个字母及其出现次数。

2. 实验步骤

（1）思路剖析

① 将字符串中字母全部转换为小写，去除空格。

② 将字符串中字母存入列表，并使用 count() 方法统计每个字母的出现次数。

③ 将统计结果存入列表并排序，输出频数最高的 3 个字母及其出现次数。

（2）编写代码

程序代码如下。

```
text = "Hello Python Programming"
text = text.replace(" ", "").lower()
unique_letters = []

# 取出字符串中的所有字母（不重复）
for ch in text:
    if ch.isalpha() and ch not in unique_letters:
        unique_letters.append(ch)

# 统计每个字母的频数
letter_frequencies = [(ch, text.count(ch)) for ch in unique_letters]

# 按字母频数排序并取前 3 个
top_letters = sorted(letter_frequencies, key=lambda x: x[1], reverse=True)[:3]
print("频数最高的 3 个字母: ", top_letters)
# （示例输出）频数最高的 3 个字母: [('o', 4), ('h', 2), ('p', 2)]
```

【案例 6-5】

1. 实验内容

编写程序，实现一个密码强度检查器，判断密码的强度并给出提示。密码强度规则如下：

- 至少包含 8 个字符；
- 必须包含字母和数字；

< 34 >

- 包含至少一个特殊字符（如@、#、$、%、&、*、! 等）。

2. 实验步骤

（1）思路剖析

① 接收用户输入的密码字符串。

② 检查密码长度是否符合要求。

③ 使用 isalpha() 和 isdigit()分别检查密码是否包含字母与数字，并通过遍历判断密码是否包含特殊字符。

④ 根据检查结果输出密码强度，并给出具体提示。

（2）编写代码

程序代码如下。

```python
# 用户输入密码
password = "Python123"  # 此为示例密码，读者可自行更改以测试不同情况

# 检查长度
if len(password) < 8:
    print("密码太短，建议至少8个字符。")
else:
    has_letter = False
    has_digit = False
    has_special = False
    special_chars = "@#$%&*!"

    # 检查字符类型
    for ch in password:
        if ch.isalpha():
            has_letter = True
        elif ch.isdigit():
            has_digit = True
        elif ch in special_chars:
            has_special = True

    # 输出强度检查结果
    if not has_letter:
        print("密码需要包含字母。")
    if not has_digit:
        print("密码需要包含数字。")
    if not has_special:
        print("密码需要包含至少一个特殊字符（@、#、$、%、&、*、! 等）。")
    if has_letter and has_digit and has_special:
        print("密码强度良好! ")
```

6.3 实验内容

1. 编写程序，实现以下功能：输入一行字符，统计其中有多少个单词，每两个单词之间以空格隔开，如输入 "This is a c++ program."，输出 "There are 5 words in the line"。

2. 编写程序，实现以下功能：输入一个字符串，判断输入的字符串是否以 ".py" 结束。

3. 编写程序，实现以下功能：输入一个字符串，统计字符串中有多少种字符，以及每种字符的

< 35 >

个数。

4. 编写程序，实现文本的格式化和清理。要求将字符串中每个单词的开头和结尾空格去除，并将所有字母转换为小写。此外，将字符串中的问号、感叹号等标点符号替换为句点（．），并将字符串输出为小写的整句。例如，对于输入"Hi there! How are you doing?"，输出为"hi there. how are you doing."。

5. 编写程序，将输入的句子中每个单词的顺序反转（但不改变单词的顺序），同时删除所有标点符号和多余空格。要求最终的输出为去除标点符号和多余空格的清理结果。例如，对于输入"Hello, world! Let's code Python."，输出为"olleH dlrow s'teL edoc nohtyP"。

6. 编写程序，将用户输入的句子中所有的"you"替换为"we"，所有的"me"替换为"us"。要求替换完成后输出修改后的句子，并统计替换的总次数。例如，对于输入"If you help me, you will help yourself"，输出为"If we help us we will help yourself"，替换次数为3。

7. 编写程序，检测用户输入的句子中是否包含重复的单词。如果有重复单词，则将这些单词以列表形式输出，并统计重复的数量。例如，对于输入"I see what I see"，输出为"["I", "see"]"，重复单词数量为2。

< 36 >

第7章 组合数据类型

7.1 实验目的及要求

（1）理解列表的概念，掌握列表的定义和操作。

（2）理解元组的概念，掌握元组的定义和操作。

（3）理解字典的概念，掌握字典的定义和操作。

（4）理解集合的概念，掌握集合的定义和操作。

（5）熟练使用组合数据类型解决实际问题。

7.2 实验案例

【案例 7-1】

1. 实验内容

在歌唱大赛中，有若干个评委为某歌手打分（单位：分），分别为

$$82,94,89,90,97,88,97,81,86,82,90,83。$$

歌手的最后成绩为去掉一个最高分和一个最低分后的平均值。请输出歌手的最后成绩、去掉的最高分和最低分，并将该歌手的最后分数按从高到低输出在一行上。

2. 实验步骤

（1）思路剖析

① 将某歌手的得分创建成列表。

② 利用列表的内置函数 max、min 分别求最高分和最低分；对于平均值，利用列表的内置函数 sum 和 len，由 sum()/len()获得。

③ 去掉最高分和最低分，利用列表的内置方法 remove()；进行分数排序，使用列表的 sort()方法或 sorted()函数。

④ 输出得分。

（2）编写代码

从"开始"菜单中启动 Python IDLE，在打开的 Shell 窗口中，执行"File→New File"菜单命令，打开 IDLE 编辑器，在其中输入以下代码。

1	#ch7-1 歌手成绩
2	lst = [82,94,89,90,97,88,97,81,86,82,90,83]　　　#建立得分列表
3	maxscore=max(lst)　　　#求最高分
4	minscore=min(lst)　　　#求最低分
5	lst.remove(max(lst))　　　#去掉最高分
6	lst.remove(min(lst))　　　#去掉最低分
7	avescore=sum(lst)/len(lst)　　　#平均分=总分/得分个数
8	lst.sort(reverse = True)　　　#降序排列, 从高到低
9	print("歌手最后成绩: {}".format(avescore))　　　#输出
10	print("去掉一个最高分{}, 去掉一个最低分{}".format(maxscore,minscore))
11	print("歌手的最后分数从高到低依次为: ",end=" ")
12	for i in lst:　　　#遍历列表元素, 输出在一行上
13	print(I,end=" ")

（3）运行程序

代码输入完成后, 在 IDLE 编辑器中执行 "File→Save" 菜单命令, 在弹出的 "另存为" 对话框中选择保存路径, 输入文件名, 单击 "保存" 按钮（如保存为 D:\myPathon\ch7-1.py）。接着执行 "Run→Run Module" 菜单命令, 打开 Shell 窗口, 运行程序。

查看运行结果。如果出现错误, 分析错误提示信息, 在 IDLE 编辑器中修改代码。反复调试程序, 直至得到正确结果。

程序运行结果如图 7-1 所示。

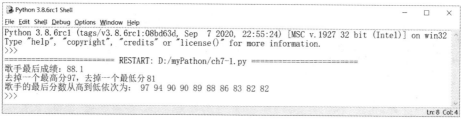

图7-1　案例 7-1 程序运行结果

【案例 7-2】

1. 实验内容

随机生成密码。编写程序, 从 26 个字母（大小写均存在, 即总共 52 个字母、10 个数字和 10 个特殊字符 "~!@#$%^&*?" 组成的列表中随机生成 10 个密码（每个密码包含 8 个字符）, 要求密码中无重复字符。

2. 实验步骤

（1）思路剖析

① 生成由大小写字母和数字组成的列表, 采用循环+列表的 append()方法来实现。列表中特殊字符的加入, 使用列表的 extend()方法来实现。

② 生成 10 个密码（采用循环）。每个密码的生成采用 random 标准库中的 sample 函数来实现, 其作用是从序列中随机抽取 *n* 个元素并返回一个列表, 只要列表中无重复字符, 生成的密码也无重复字符。

③ 生成的 10 个密码通过 join 函数连成字符串, 方便输出。

（2）编写代码

从 "开始" 菜单中启动 Python IDLE, 在打开的 Shell 窗口中, 执行 "File→New File" 菜单命令,

< 38 >

打开 IDLE 编辑器，在其中输入以下代码。

```
1     #ch7-2 随机生成密码
2     import random                          #导入 random 标准库
3     lst=[]                                 #建立空列表
4     for I in range(26):                    #向列表中加入大小字母和数字
5         lst.append(chr(ord('A')+i))
6         lst.append(chr(ord('a')+i))
7     for i in range(10):
8         lst.append(str(i))
9     lst.extend("~!@#$%^&*?")               #向列表中加入特殊字符
10    for i in range(10):                    #循环 10 次
11        pwdlst = random.sample(lst,8)      #随机从列表中选出 8 个字符组成密码列表
12        pwdstr= "".join(password_List)     #将列表转化成字符串
13        print(pwdstr)                      #输出密码
```

（3）运行程序

代码输入完成后，在 IDLE 编辑器中执行"File→Save"命令，在弹出的"另存为"对话框中选择保存路径，输入文件名，单击"保存"按钮。接着执行"Run→Run Module"菜单命令，打开 Shell 窗口，运行程序。

查看运行结果，如果出现错误，分析错误提示信息，在 IDLE 编辑器中修改代码。反复调试程序，直至得到正确结果。

程序运行结果如图 7-2 所示。

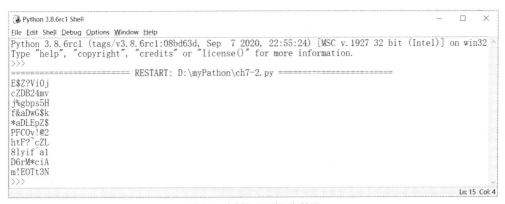

图 7-2　案例 7-2 程序运行结果

【案例 7-3】

1. 实验内容

查询某年某月的天数。编写程序，实现以下功能：

（1）根据输入的年份，创建一个元组，依次存放每个月对应的天数。

（2）根据用户输入的月份查询该月的天数并输出，输入 0 时程序结束。

2. 实验步骤

（1）思路剖析

① 根据年份是否为闰年创建元组。闰年 2 月份 29 天，平年 2 月份 28 天。判断是闰年的条件：能被 4 整除但是不能被 100 整除，或者能被 400 整除。

② 访问元组元素时，注意其索引号是输入的月份减 1，因为索引号是从 0 开始的。

< 39 >

（2）编写代码

从"开始"菜单中启动 Python IDLE，在 Shell 窗口中执行"File→New File"菜单命令，打开 IDLE 编辑器，在其中输入以下代码。

```
1    #ch7-3 查询某年某月的天数
2    year=eval(input("请输入年份（如2021）: "))              #输入年份
3    if year%4==0 and year%100!=0 or year%400==0:          #判断是否为闰年
4        t_monthdays=(31,29,31,30,31,30,31,31,30,31,30,31) #闰年每个月对应的天数
5    else:
6        t_monthdays=(31,28,31,30,31,30,31,31,30,31,30,31) #平年每个月对应的天数
7    month=eval(input("请输入月份: "))                        #输入月份
8    while month!=0:                                        #循环输出查询结果，遇0结束
9        #格式化输出，索引号为月份减1
10       print("您好，{}年{}月有{}天! ".format(year,month,t_monthdays[month-1]))
11       month=eval(input("请输入月份:"))
12   print("程序结束! ")                                     #提示程序结束
```

（3）运行程序

代码输入完成后，在 IDLE 编辑器中执行"File→Save"菜单命令，在弹出的"另存为"对话框中选择保存路径，输入文件名，单击"保存"按钮。接着执行"Run→Run Module"菜单命令，打开 Shell 窗口，运行程序。

查看运行结果，如果出现错误，分析错误提示信息，在 IDLE 编辑器中修改代码。反复调试程序，直至得到正确结果。

程序运行结果如图 7-3 所示。

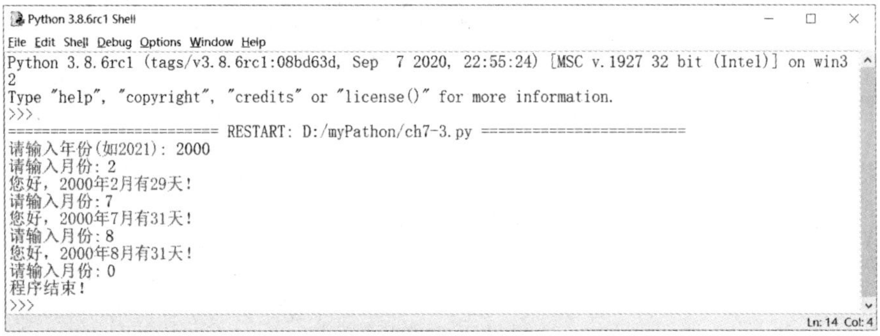

图 7-3　案例 7-3 程序运行结果

【案例 7-4】

1. 实验内容

员工数据处理。定义员工信息字典，key 是员工的姓名，value 是由部门和工资构成的列表，用逗号隔开。员工信息字典的结构如下所示。

```
members = {'张三':['财务部',4500]
           '李四':['人力部',5000]
           '王五':['销售部',8000]
           '赵六':['技术部',6500]
          }
```

要求对员工数据进行处理，将员工姓名和工资显示在屏幕上，并输出工资最高的部门及工资。示例如下。

< 40 >

张三的工资是 4500，部门是财务部
李四的工资是 5000，部门是人力部
王五的工资是 8000，部门是销售部
赵六的工资是 6500，部门是技术部
工资最高的部门是销售部，该部门工资是 8000

2．实验步骤

（1）思路剖析

① 显示员工姓名和工资需要遍历字典 members，注意字典里的 value 是个列表，需要用到列表的索引。

② 输出工资最高的部门及工资，需要创建以工资（key）和部门名称（value）为键值对的字典。求最高工资可使用字典的 max 函数来实现。

（2）编写代码

从"开始"菜单中启动 Python IDLE，在 Shell 窗口中执行"File→New File"菜单命令，打开 IDLE 编辑器，在其中输入以下代码。

```
1    #ch7-4 员工数据处理
2    members = {'张三':['财务部',4500],              #员工信息字典
3               '李四':['人力部',5000],
4               '王五':['销售部',8000],
5               '赵六':['技术部',6500]
6              }
7    sal_dep = {}                    #创建以工资（key）、部门名称（value）为键值对的新字典
8    for key in members:            #遍历输出
9    print('{}的工资是{}，部门是{}'.format(key, members[key][1], members[key][0]))
10       sal_dep[members[key][1]] = members[key][0] #新字典增加元素
11   max_val = max(sal_dep)                          #取得键（工资）的最大值
12   max_name = sal_dep[max_val]                     #获取最高工资的部门名称
13      print('工资最高的部门是{}，该部门工资是{}'.format(max_name,max_val))  #格式化输出
```

（3）运行程序

代码输入完成后，在 IDLE 编辑器中执行"File→Save"菜单命令，在弹出的"另存为"对话框中选择保存路径，输入文件名，单击"保存"按钮。接着执行"Run→Run Module"菜单命令，打开 Shell 窗口，运行程序。

查看运行结果，如果出现错误，分析错误提示信息，在 IDLE 编辑器中修改代码。反复调试程序，直至得到正确结果。

程序运行结果如图 7-4 所示。

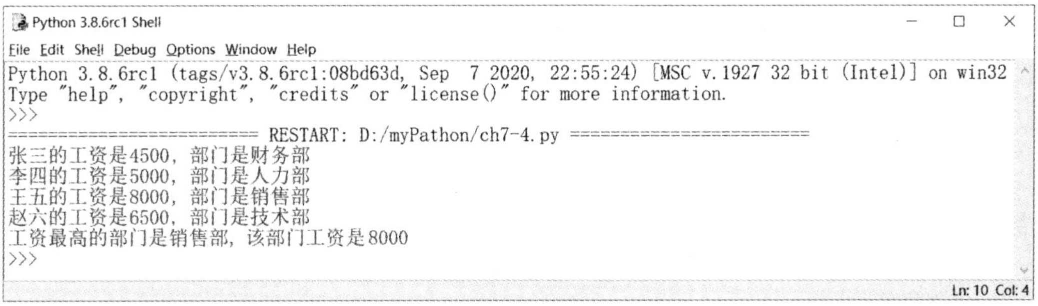

图 7-4　案例 7-4 程序运行结果

< 41 >

【案例 7-5】

1. 实验内容

活动投票情况分析。第一小队有 5 名队员，编号分别是 1,2,3,4,5；第二小队也有 5 名队员，编号分别是 6,7,8,9,10。利用集合编写程序，输入一个得票字符串，输出两个小队中没有得票的队员编号。

输入样例如下。

```
1,5,9,10,9,3,9,1,1,7,5,7,7,3,3,1,5,7,4,4,5,4,9,5
```

输出样例如下。

```
2 6 8
```

2. 实验步骤

（1）思路剖析

① 得票字符串有重复数据，利用集合的无重复性实现去重。

② 求两个小队中没有得票的队员编号，可以利用集合的基本操作：并集（|）和差集（-）。

（2）编写代码

从"开始"菜单中启动 Python IDLE，在 Shell 窗口中执行 "File→New File" 菜单命令，打开 IDLE 编辑器，在其中输入以下代码。

```
1    #ch7-5 活动投票情况分析
2    set0=set(map(int,input().split(",")))    #得票字符串转换成整数，再转换成集合去重
3    set1={1,2,3,4,5}                          #第一小队 5 名队员编号的集合
4    set2={6,7,8,9,10}                         #第二小队 5 名队员编号的集合
5    set3=set1|set2                            #两小队队员编号的并集
6    set4=set3-set0                            #通过集合差集获得没有得票的队员编号
7    print(*sorted(list(set4)))                #转换成列表并排序后，将列表元素输出
```

（3）运行程序

代码输入完成后，在 IDLE 编辑器中执行 "File→Save" 菜单命令，在弹出的"另存为"对话框中选择保存路径，输入文件名，单击"保存"按钮。接着执行 "Run→Run Module" 菜单命令，打开 Shell 窗口，运行程序。

查看运行结果，如果出现错误，分析错误提示信息，在 IDLE 编辑器中修改代码。反复调试程序，直至得到正确结果。

程序运行结果如图 7-5 所示。

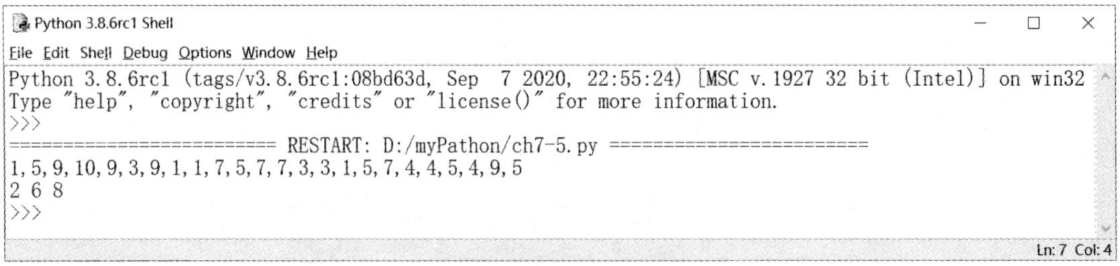

图 7-5　案例 7-5 程序运行结果

【案例 7-6】

1. 实验内容

词频统计。统计一篇英语短文中各单词出现的次数，将出现 2 次及以上的单词按出现次数从高到

< 42 >

低的顺序输出。英语短文如下。

Reach the goals! My life has been a trade-off. If I wanted to reach the goals I set for myself, I had to get at it and stay at it everyday; I had to think about it all the time; I had to get up everyday with my mind set on improving something. I was driven by a desire to always be on the top of the heap.

2. 实验步骤

（1）思路剖析

① 同一单词存在大小写之分，通过函数 lower 统一转换成小写处理。

② 英文单词的分隔可以是空格、标点符号和特殊符号，用 replace()方法将标点符号和特殊符号统一替换成空格。

③ 提取单词用 split()方法，按空格分割形成列表。

④ 统计单词和对应的词频使用字典来实现。

⑤ 将词频按从高到低排序，使用列表的 sort()方法来实现。

⑥ 利用循环输出出现 2 次及以上的单词。

（2）编写代码

从"开始"菜单中启动 Python IDLE，在 Shell 窗口中执行"File→New File"菜单命令，打开 IDLE 编辑器，在其中输入以下代码。

```
1   #ch7-6 词频统计
2   text ="Reach the goals!My life has been a trade-off.If I wanted to reach the
3   goals I set for myself, I had to get at it and stay at it everyday; I had to
4   think about it all the time; I had to get up everyday with my mind set on improving
5   something. I was driven by a desire to always be on the top of the heap."
6   text = text.lower()                    #将单词全部转换成小写
7   for char in '~`!@#$%^&*()+-=_{|}[\]:";'<>?,./':  #将标点符号和特殊符号替换成空格
8       text=text.replace(char, " ")
9   words = text.split()                   #提取单词形成列表
10  counts={}                              #创建单词计数空字典
11  for w in words:                        #遍历，对每个单词进行计数，形成键值对
12      counts[w] = counts.get(w, 0) + 1
13  items = list(counts.items())           #将键值对信息转换为列表
14  items.sort(key=lambda x:x[1], reverse=True)    #将单词的词频按从高到低排序
15  for i in range(len(items)):            #利用循环将出现 2 次及以上的单词格式化输出
16      w,c=items[i]
17      if c>=2:
18          print("{0:<15}{1:>5}".format(w,c))
```

（3）运行程序

代码输入完成后，在 IDLE 编辑器中执行"File→Save"菜单命令，在弹出的"另存为"对话框中选择保存路径，输入文件名，单击"保存"按钮。接着执行"Run→Run Module"菜单命令，打开 Shell 窗口，运行程序。

查看运行结果，如果出现错误，分析错误提示信息，在 IDLE 编辑器中修改代码。反复调试程序，直至得到正确结果。

程序运行结果如图 7-6 所示。

< 43 >

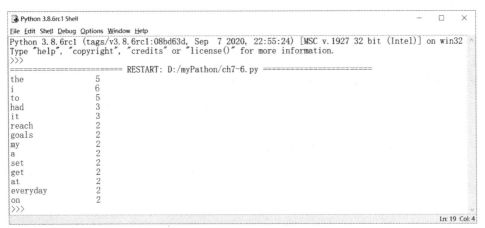

图7-6　案例7-6程序运行结果

7.3 实验内容

1. 编写程序，实现以下功能：输入以逗号分隔的 3 个整数，分别记为 a、b、c，以 a 为起始数值、b 为等差、c 为数值个数，生成一个递增的等差数列，将这个等差数列以列表格式输出，并输出等差数列元素的个数、和与平均值。

输入示例如下。

```
1,2,3
```

相应的输出如下。

```
[1, 3, 5] 3 9 3.0
```

2. 编写程序，实现以下功能：生成包含 10 个 1~100 的随机整数的列表，将前 5 个数按升序排列，后 5 个数按降序排列。输出示例如下。

```
生成的随机数为：[76, 57, 63, 88, 59, 79, 31, 57, 39, 39]
排序后的列表为：[57, 59, 63, 76, 88, 79, 57, 39, 39, 31]
```

3. 编写程序，使用元组实现每行两句输出古诗《长歌行》。

长歌行

青青园中葵，朝露待日晞。

阳春布德泽，万物生光辉。

常恐秋节至，焜黄华叶衰。

百川东到海，何时复西归？

少壮不努力，老大徒伤悲。

诗词放在元组 "verse = ("青青园中葵","朝露待日晞","阳春布德泽","万物生光辉","常恐秋节至","焜黄华叶衰","百川东到海","何时复西归","少壮不努力","老大徒伤悲")" 中。

4. 编写程序，实现以下功能：输入小明学习的课程名称及成绩等信息，信息间采用空格分隔，每门课程一行，空行加回车键结束输入。输入示例如下。

```
数学 90
语文 95
英语 86
物理 84
生物 87
```

< 44 >

在屏幕输出得分最高的课程及成绩、得分最低的课程及成绩，以及平均分（保留 2 位小数）。

输出示例如下：

最高分课程是语文 95，最低分课程是物理 84，平均分是 88.40

5. 输入一个列表，去掉列表中重复的数字，再按原来次序输出列表。

输入示例如下。

[4 7 5 6 8 6 9 5]

相应的输出如下。

4 7 5 6 8 9

6. 编写程序，统计工龄。给定公司 N（$N \leqslant 10^5$）名员工的工龄，要求按工龄增序输出每个工龄段（范围在[0,50]内)的员工数量。输出格式为"工龄:人数"。每项占一行。如果人数为 0，则不输出该项。

输入示例如下。

8
10 2 0 5 7 2 5 2

相应的输出如下。

0:1
2:3
5:2
7:1
10:1

7. 编写程序，分类统计字符个数。具体要求如下。

（1）用户输入一个字符串，以回车键结束，利用字典统计其中字母和数字出现的次数。

（2）输入格式是一个以回车键结束的字符串，如输入"abc1ab"，相应的输出为"{'a': 2, 'b': 2, 'c': 1, '1': 1}"。

8. 有一个列表 studs 如下。

studs= [{'sid':'103','Chinese': 90,'Math':95,'English':92},{'sid':'101','Chinese': 80,'Math':85,'English':82},{'sid':'102','Chinese': 70,'Math':75,'English':72}]

编写程序，将列表 studs 的数据内容提取出来，放到一个字典 scores 里，在屏幕上按学号从小到大的顺序输出 scores 的内容。输出示例如下。

101:[80, 85, 82]
102:[70, 75, 72]
103:[90, 95, 92]

< 45 >

第 *8* 章 函数

8.1 实验目的及要求

（1）理解函数的定义方法与调用过程。

（2）理解参数的传递方式和传递过程。

（3）理解和学会使用匿名函数。

（4）理解递归调用的思想和方法。

（5）理解变量的作用域。

（6）掌握模块化程序设计中函数的使用方法。

8.2 实验案例

【案例 8-1】

1．实验内容

编写函数，统计字符串中数字、字母、空格以及其他字符的个数。调用函数，传入字符串 "4WOcUT\$DL7E IG@5"，求出其中数字、字母、空格和其他字符的个数。

2．实验步骤

（1）思路剖析

① 定义一个统计函数，形参是字符串，返回值为输出信息字符串。

② 统计数字、字母、空格和其他字符个数的问题，实质上是累加问题。遍历字符串中的字符，判断是否为数字、字母和空格可以分别采用字符串的 isdigit()、isalpha()和 isspace()方法。

（2）编写代码

从"开始"菜单中启动 Python IDLE，在 Shell 窗口中，选择"File→New File"命令，打开 IDLE 编辑器，在其中输入以下代码。

```
1    #ch8-1 数字、字母、空格和其他字符个数统计
2    def statistics(s):                #数字、字母、空格和其他字符个数统计函数
3        sum_number = 0                #数字计数变量，赋初值为 0
4        sum_char = 0                  #字符计数变量，赋初值为 0
5        sum_space = 0                 #空格计数变量，赋初值为 0
6        sum_other = 0                 #其他字符计数变量，赋初值为 0
7        for ch in s:                  #遍历字符串中的每个字符
8            if ch.isdigit():          #如果是数字，计数加 1
9                sum_number += 1
10           elif ch.isalpha():        #如果是字符，计数加 1
11               sum_char += 1
12           elif ch.isspace():        #如果是空格，计数加 1
13               sum_space += 1
14           else:                     #其他字符，计数加 1
15               sum_other +=1
16       return'数字{},字母{},空格{},其他字符{}'.format(sum_number, sum_char,
17    sum_space,sum_other)             #返回一个输出信息字符串
18    s ="4WOcUT$DL7E IG@5"
19    print(statistics(s))
```

（3）运行程序

代码输入完成后，在 IDLE 编辑器中选择 "File→Save" 命令，在 "另存为" 对话框中选择保存路径，输入文件名，单击 "保存" 按钮。接着选择 "Run→Run Module" 命令，打开 Shell 窗口，运行程序。

查看运行结果，如果出现错误，分析错误提示信息，在 IDLE 编辑器中修改代码。反复调试程序，直至得到正确结果。

程序运行结果如图 8-1 所示。

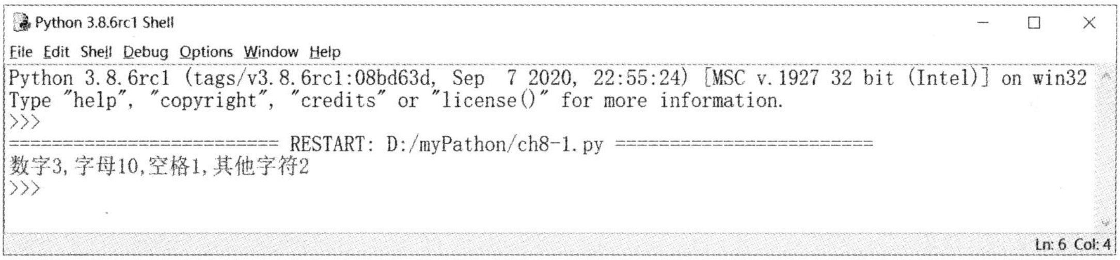

图 8-1　案例 8-1 程序运行结果

【案例 8-2】

1. 实验内容

求最大值。编写程序，利用可变长度参数定义一个求任意个数的数值的最大值的函数 "max_n(a,b,*c)"，并进行测试。例如，当传入 "6,9" 时，输出两个数中的最大值；当传入 "3,9,5,1,12,33,2,10" 时，输出 8 个数中的最大值。

2. 实验步骤

（1）思路剖析

① 定义一个求最大值函数，形参是两个不可变数据类型的参数 "a,b" 和一个可变长度参数 "c"，返回值是一个最大值。

< 47 >

② 求最大值的算法：设计一个最大值变量，先放入两个数的较大值，其他数值逐一与最大值变量中的值比较，如果比它大，则替换原来的值。全部数据比较完成后，得到最大值。

（2）编写代码

从"开始"菜单中启动 Python IDLE，在 Shell 窗口中选择"File→New File"命令，打开 IDLE 编辑器，在其中输入以下代码。

```
1    #ch8-2 求最大值
2    def max_n(a,b,*c):    #求最大值函数，a 和 b 为不可变数据类型参数，c 为可变长度参数
3        max_number = a if(a < b) else b    #从 a 和 b 中取较大值放入 max_number
4        for n in c:    #其他数据逐一与 max_number 比较，若比它大，则替换原来的值
5            if n > max_number:
6                max_number = n
7        return max_number    #返回最大值
8
9    print("6,9中的最大值是:{} ".format(max_n(6, 9)))
10   print("3,9,5,1,12,33,2,10中的最大值是{}".format(max_n(3,9,5,1,12,33,2,10)))
```

（3）运行程序

代码输入完成后，在 IDLE 编辑器中选择"File→Save"命令，在"另存为"对话框中选择保存路径，输入文件名，单击"保存"按钮。接着选择"Run→Run Module"命令，打开 Shell 窗口，运行程序。

查看运行结果，如果出现错误，分析错误提示信息，在 IDLE 编辑器中修改代码。反复调试程序，直至得到正确结果。

程序运行结果如图 8-2 所示。

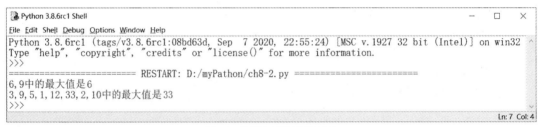

图 8-2　案例 8-2 程序运行结果

【案例 8-3】

1. 实验内容

素数问题。编写程序，具体要求如下。

（1）实现 isPrime()函数，参数为整数。如果是素数，该函数返回 True；否则返回 False。

（2）在（1）的基础上，编写一个函数 listPrime()，该函数可以接收任意个数，并返回其中所有的素数。调用函数，从键盘输入任意个数，从中筛选出所有素数，并计算其平方和。要求使用匿名函数求平方。

（3）在（1）的基础上，编写一个函数 printPrime()，参数为整数。该函数输出所传入整数以内的素数，以空格分隔，10 个一行。调用函数，输出 200 以内的素数。

2. 实验步骤

（1）思路剖析

① 判断 n 是否为素数，用 2 到 $int(\sqrt{n})$ 之间的所有整数去除，如果都不能整除，那么 n 是质数。

< 48 >

求 n 的平方根需要用到 math 库中的 sqrt() 函数，或者使用 n**0.5。

② 编写 listPrime() 函数，其参数必须是可变长度参数，筛选出参数中的素数可以使用 filter() 函数，过滤掉不符合条件的数。求平方可以使用"lambda x:x*x"。将函数应用到序列的每个元素上可以使用 map() 函数。序列的元素求和可以使用 sum() 函数。

③ 要实现每行输出 10 个素数，可以设计一个计数器，每输出一个素数，计数器加 1，当它是 10 的倍数时，用 print() 函数换行。

（2）编写代码

从"开始"菜单中启动 Python IDLE，在 Shell 窗口中，选择"File→New File"命令，打开 IDLE 编辑器，在其中输入以下代码。

```
1   #ch8-3 素数问题
2   import math
3   def isPrime(n):                              #判断素数函数
4       if n<2:                                  #1 不是素数
5          return False
6       for i in range(2,int(math.sqrt(n))+1):    #从 2 到 int(√n)取值
7           if n%i==0:                           #如果有整数被整除
8              return False                      #判断不是素数
9       return True                              #如果一直没有整数被整除，则判断是素数
10
11  def listPrime(*num):                         #素数列表函数
12      lst=list(filter(isPrime,num))            #筛选出所有素数并转换成列表返回
13      return lst
14
15  def printPrime(n):                           #输出素数函数
16    count=0                                    #输出个数计数器，初值为 0
17    for i in range(2,n+1):                     #输出 2～n 的素数
18     if isPrime(i)==True:                      #如果是素数，输出在一行上
19       print(i,end=' ')
20       count=count+1                           #输出个数计数器加 1
21       if count%10==0:                         #如果输出个数是 10 的倍数，则换行
22         print()
23
24  strdata= input("请输入任意个数的整数（以空格分隔）: ")      #输入多个整数
25  data=[int(x) for x in strdata.split()]#将字符串中数字转换为整数存入列表
26  '''求素数的平方和。
27  其中*data 是将列表解包，把其中的每个数据作为参数传给 listPrime()函数。lambda 函数
28  用于求平方,map()函数将求平方函数映射到后面列表中的每一个元素上; sum()函数实现求和。'''
29  s=sum(map(lambda x:x*x,listPrime(*data)))
30  print("你输入的数据中所有素数的平方和为: {}".format(s))      #输出
31  print("200 以内的素数有: ")
32  printPrime(200)
```

（3）运行程序

代码输入完成后，在 IDLE 编辑器中选择"File→Save"命令，在"另存为"对话框中选择保存路径，输入文件名，单击"保存"按钮。接着选择"Run→Run Module"命令，打开 Shell 窗口，运行程序。

查看运行结果，如果出现错误，分析错误提示信息，在 IDLE 编辑器中修改代码。反复调试程序，直至得到正确结果。

< 49 >

程序运行结果如图 8-3 所示。

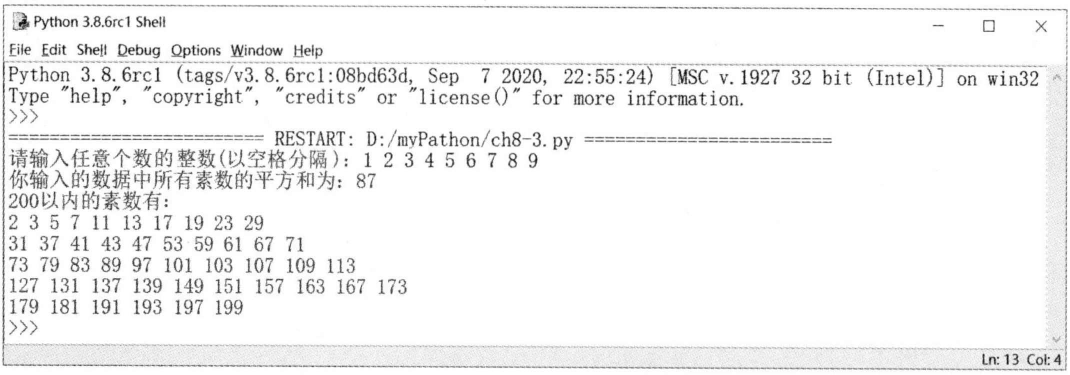

图8-3　案例8-3程序运行结果

【案例8-4】

1. 实验内容

递归求阶乘和。用递归的方法编写求 $n!$ 的函数 fact()，在此基础上编写求和函数 factsum()。编程实现 $1!+2!+\cdots+m!$ 的计算，其中 m 为自然数（大于 0 的正整数）。

2. 实验步骤

（1）思路剖析

① 递归求阶乘，阶乘的递归表示为：$0!=1$，$1!=1$，$n!=n \cdot (n-1)!$。关键是找出阶乘的递归终止条件以及递归形式。

② 求和函数 factsum() 采用累加算法。利用循环将 $1 \sim m$ 的阶乘加入累加和变量，实现求阶乘和。

（2）编写代码

从"开始"菜单中启动 Python IDLE，在 Shell 窗口中选择"File→New File"命令，打开 IDLE 编辑器，在其中输入以下代码。

```
1    #ch8-4 递归求阶乘和
2    def fact(n):                         #求 n 的阶乘函数
3        if n==0 or n==1:
4            return 1                     #递归终止条件
5        else:
6            return n*fact(n-1)           #递归形式表示
7
8    def factsum(m):                      #求阶乘和函数
9        result = 0                       #累加和变量，赋初值0
10       for i in range(1,m+1):           #从1到m，将其阶乘加入 result
11           result = result + fact(i)
12       return result                    #返回累加和
13
14   num=eval(input("请输入一个自然数: "))                    #输入一个自然数
15   print("1~{}的阶乘和为: {}".format(num,factsum(num)))      #输出阶乘和结果
```

说明：fact() 函数也可以定义如下。

```
def fact(n):
    return n*fact(n-1) if n>1 else 1
```

< 50 >

（3）运行程序

代码输入完成后，在 IDLE 编辑器中选择"File→Save"命令，在"另存为"对话框中选择保存路径，输入文件名，单击"保存"按钮。接着选择"Run→Run Module"命令，打开 Shell 窗口，运行程序。

查看运行结果，如果出现错误，分析错误提示信息，在 IDLE 编辑器中修改代码。反复调试程序，直至得到正确结果。

程序运行结果如图 8-4 所示。

```
Python 3.8.6rc1 Shell                                          —    □    ×
File Edit Shell Debug Options Window Help
Python 3.8.6rc1 (tags/v3.8.6rc1:08bd63d, Sep  7 2020, 22:55:24) [MSC v.1927 32 bit (Intel)] on win32
Type "help", "copyright", "credits" or "license()" for more information.
>>>
====================== RESTART: D:/myPathon/ch8-4.py ======================
请输入一个自然数: 5
1～5的阶乘和为: 153
>>>
                                                              Ln: 7 Col: 4
```

图 8-4　案例 8-4 程序运行窗口

【案例 8-5】

1. 实验内容

利用函数进行模块化程序设计，编写程序，实现一个图书管理信息系统，要求可以登录、注册，并且可以进行简单的图书管理，包括查询图书、图书入库、图书更新和图书出库等功能。

2. 实验步骤

（1）思路剖析

① 界面设计分为两个部分，分别是登录注册界面和图书管理信息系统界面。

② 用户名和密码提前存储在列表中。当输入的用户名或密码错误时，系统提示重新输入。未注册的用户需要先注册账号，再进行登录。

③ 登录成功后进入图书管理信息系统界面，选择需要的操作。

④ 系统的功能：查询图书、图书入库、图书更新、图书出库和退出。用户可以循环使用这些功能。

⑤ 每一个功能设计成单独的函数。在界面中进行函数的调用。

（2）编写代码

从"开始"菜单中启动 Python IDLE，在 Shell 窗口中选择"File→New File"命令，打开 IDLE 编辑器，在其中输入以下代码。

```
1    id=['01','02','03','04']                                    #序号
2    books=['机器学习','平凡的世界','强化学习','Python 入门']        #书名
3    prices=['88','80','168','45']                                #价格
4    stocks=['10','15','5','20']                                  #库存
5    user=[['Alice','666'],['Tom','666']]                         #用户名及密码列表
6
7    #欢迎界面
8    def loginmenu():
9        while True:
10           print("********************************")
11           print("        欢迎来到图书管理信息系统        ")
```

< 51 >

```
12          print("**********************************")
13          print("          1.登    录          ")
14          print("          2.注    册          ")
15          print("          3.退    出          ")
16          print("**********************************")
17          ss = input("请选择您的操作:")
18          if int(ss) ==1:
19              denglu()                              #登录
20          elif int(ss)==2:
21              zhuce()                               #注册
22          else:
23              print("成功退出图书管理信息系统! ")
24              break                                 #退出
25
26      #登录函数
27      def denglu():
28          d1=input("请输入用户名:")
29          d2=input("请输入密码:")
30          if [d1,d2] in user:                       #用户名、密码正确
31              mainmenu()                            #主界面
32          else:
33              print("输入错误，请重新登录! ")
34
35      #注册函数
36      def zhuce():
37          dd1=input("请输入要注册的用户名:")
38          dd2=input("请输入要注册的密码:")
39          user.append([dd1,dd2])                    #加入用户名及密码列表
40          print("注册成功! ")
41
42      #图书管理信息系统主界面
43      def  mainmenu():
44          while True:
45              print("**********************************")
46              print("        欢迎使用图书管理信息系统        ")
47              print("**********************************")
48              print("          1.查看图书          ")
49              print("          2.图书入库          ")
50              print("          3.图书更新          ")
51              print("          4.图书出库          ")
52              print("          5.退    出          ")
53              print("**********************************")
54              s=input("请选择您的操作:")
55              if int(s)==1:
56                  showall()                         #查看图书
57              elif int(s)==2:
```

< 52 >

```
58              ruku()                              #图书入库
59          elif int(s)==3:
60              gengxin()                           #图书更新
61          elif int(s)==4:
62              chuku()                             #图书出库
63          elif int(s)==5:
64              break                               #退出
65          else:
66              print("输入错误,请重新输入! ")
67
68  #查看图书
69  def showall():
70      print('序 号','\t\t', '书 名','\t\t', '价 格', '\t\t','库 存')
71      for i in range(len(id)):                    #遍历,输出图书信息
72          print('',id[i],'\t ',books[i],'\t\t ',prices[i], '\t\t ',stocks[i])
73
74  #图书入库
75  def ruku():
76      a1 = input("请输入想要入库的图书序号:")
77       #对重复图书序号进行提示
78      if a1 not in id:                            #输入信息,添加入库
79        a2 = input("请输入想要入库的图书名称:")
80        a3 = input("请输入想要入库的图书价格:")
81        a4 = input("请输入想要入库的图书库存:")
82        id.append(a1)
83        books.append(a2)
84        prices.append(a3)
85        stocks.append(a4)
86        for i in range(len(id)):                  #输出添加的信息
87          print('',id[i],'\t ',books[i],'\t\t ',prices[i], '\t\t ',stocks[i])
88        print("图书录入成功! ")
89       else:
90        print("图书序号{}已存在! 请重新输入!" .format(a1))
91
92  #图书更新
93  def gengxin():
94      c1 = input("请输入需要更新的图书序号:")
95      if c1 in id:
96        c2=id.index(c1)                           #图书序号对应的索引号
97        id[c2] = input("请输入更新后的图书序号:")
98        books[c2] = input("请输入更新后的图书名称:")
99        prices[c2] = input("请输入更新后的图书价格:")
100       stocks[c2]= input("请输入更新后的图书库存:")
101       for i in range(len(id)):
102         print('',id[i],'\t ',books[i],'\t\t ',prices[i], '\t\t ',stocks[i])
103       print("图书更新成功! ")
```

< 53 >

```
104        else:
105            print("图书序号{}不存在！请重新输入！".format(c1))
106
107    #图书出库
108    def chuku():
109        b1 = input("请输入需要出库的图书序号:")
110        if b1 in id:
111            b2=id.index(b1)
112            del id[b2]
113            del books[b2]
114            del prices[b2]
115            del stocks[b2]
116            for i in range(len(id)):
117                print(''.id[i],'\t ',books[i],'\t\t ',prices[i], '\t\t ',stocks[i])
118            print("图书出库成功！")
119        else:
120            print("图书序号{}不存在！请重新输入！".format(b1))
121
122    #调用欢迎界面函数，启动系统
123    loginmenu()
```

（3）运行程序

代码输入完成后，在 IDLE 编辑器中选择"File→Save"命令，在"另存为"对话框中选择保存路径，输入文件名，单击"保存"按钮。接着选择"Run→Run Module"命令，打开 Shell 窗口，运行程序。

查看运行结果，如果出现错误，分析错误提示信息，在 IDLE 编辑器中修改代码。反复调试程序，直至得到正确结果。

程序运行结果如图 8-5、图 8-6、图 8-7 所示。

图8-5　案例8-5程序运行结果——注册、登录

< 54 >

图 8-6　案例 8-5 程序运行结果——查看图书、图书入库

图 8-7　案例 8-5 程序运行结果——图书更新、图书出库

< 55 >

8.3 实验内容

1. 编写一个函数，实现求两个整数的最大公约数和最小公倍数。

2. 一个数如果恰好等于它的因子之和，则这个数就称为完数。例如，6=1 + 2 + 3。编程找出 10000 以内的所有完数。

3. 编写一个函数，实现以下功能：输入一个字符串，将此字符串中最长的单词输出。例如，输入字符串为"I love China very much!"，输出的最长单词为"China"。

4. 编写一个函数，参数为整数 n。该函数的功能是输出杨辉三角前 n 行。n=10 时的输出如下。

```
[1]
[1, 1]
[1, 2, 1]
[1, 3, 3, 1]
[1, 4, 6, 4, 1]
[1, 5, 10, 10, 5, 1]
[1, 6, 15, 20, 15, 6, 1]
[1, 7, 21, 35, 35, 21, 7, 1]
[1, 8, 28, 56, 70, 56, 28, 8, 1]
[1, 9, 36, 84, 126, 126, 84, 36, 9, 1]
```

5. 斐波那契数列指的是这样一个数列：1, 1, 2, 3, 5, 8, 13, 21, 34, 55, 89,144,…。这个数列从第三项开始，每一项都等于前两项之和。编写一个函数，传入项数 n，函数返回第 n 项的值。用递归和非递归两种方法实现。

6. 编写程序，输出以下菱形图案。

```
   *
  ***
 *****
*******
 *****
  ***
   *
```

7. 编写函数 reverse_dict()，其功能是交换字典的 key 值和 value 值（不允许重复），并按照 key 值降序输出新字典的内容，返回新字典。

例如，输入"{"alice":1001,"john":1003,"kate":1002}"，输出如下。

```
1003 john
1002 kate
1001 alice
```

8. 分别编写 numlist()和 charlist()函数，numlist()函数的功能是生成由数字 1～26 构成的列表，charlist()函数的功能是生成由字符 A～Z 构成的列表。在此基础上，实现生成一个字典，具体如下。

```
{1: 'A', 2: 'B', 3: 'C', 4: 'D', 5: 'E', 6: 'F', 7: 'G', 8: 'H', 9: 'I', 10: 'J',
11: 'K', 12: 'L', 13: 'M',14: 'N', 15: 'O', 16: 'P', 17: 'Q', 18: 'R', 19: 'S', 20:
'T', 21: 'U', 22: 'V', 23: 'W', 24: 'X', 25: 'Y',26: 'Z'}
```

遍历字典，输出所有键值为偶数的元素。

< 56 >

第9章 文件

9.1 实验目的及要求

掌握文本文件和 CSV 文件的读写方法，从而对数据进行处理。

9.2 实验案例

【案例 9-1】

1. 实验内容

打开一个文本文件并写入数据。

2. 实验步骤

（1）启动 Python IDLE

从"开始"菜单启动 Python IDLE，打开 Shell 窗口，如图 9-1 所示。

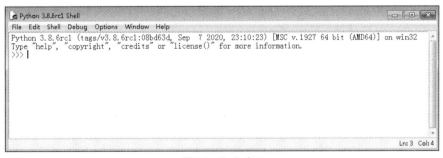

图 9-1　Shell 窗口

（2）打开 IDLE 编辑器

在"File"菜单中选择"New File"命令（见图 9-2），打开 IDLE 编辑器。

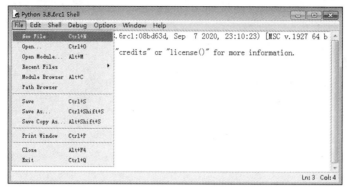

图 9-2 选择 "New File" 命令

（3）编写代码

在 IDLE 编辑器中输入代码，如图 9-3 所示。

```
# ch9-1.py
file1=open("沁园春_长沙.txt","w")
file1.write("          沁园春·长沙          \n\n")
file1.write("          毛泽东          \n\n")
file1.write("独立寒秋，湘江北去，橘子洲头。\n\n")
file1.writelines(["看万山红遍，层林尽染；\n\n","漫江碧透，百舸争流。\n\n",
"鹰击长空，鱼翔浅底，\n\n","万类霜天竞自由。\n\n","怅寥廓，问苍茫大地，谁主沉浮？\n\n",
"携来百侣曾游，\n\n","忆往昔峥嵘岁月稠。\n\n","恰同学少年，风华正茂；\n\n",
"书生意气，挥斥方遒。\n\n","指点江山，激扬文字，\n\n","粪土当年万户侯。\n\n",
"曾记否，到中流击水，浪遏飞舟！\n\n"])
file1.close()
```

图 9-3 在 IDLE 编辑器中输入代码

（4）保存程序文件

在 IDLE 编辑器中，选择 "File→Save" 命令，打开 "另存为" 对话框，将程序文件保存到 Myfile 文件夹中，如图 9-4 所示。

图 9-4 保存程序文件

（5）运行程序

在 IDLE 编辑器中，选择 "Run→Run Module" 命令（或按 "F5" 键），运行程序，如图 9-5 所示。运行结果如图 9-6、图 9-7、图 9-8 所示。

< 58 >

图 9-5　运行程序

Python 3.8.6rc1 Shell
File Edit Shell Debug Options Window Help
Python 3.8.6rc1 (tags/v3.8.6rc1:08bd63d, Sep 7 2020, 23:10:23) [MSC v.1927 64 bit (AMD64)] on win32
Type "help", "copyright", "credits" or "license()" for more information.
>>>
======================= RESTART: D:/Python38/Myfile/ch9-1.py =======================
>>>

图 9-6　Shell 窗口

计算机 ▸ 新加卷 (D:) ▸ Python38 ▸ Myfile

名称	修改日期	类型	大小
ch9-1.py	2021/3/7 16:34	Python File	1 KB
沁园春_长沙.txt	2021/3/7 16:38	文本文档	1 KB

图 9-7　文件资源管理器窗口

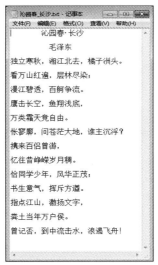

图 9-8　记事本窗口

【案例 9-2】

1. 实验内容

合并两个文件，并将合并后的内容保存在第三个文件中。

< 59 >

2．实验步骤

（1）思路剖析

读取两个文件中的内容，并将其保存在一个列表中，将列表通过 join( )函数转为字符串，并将该字符串保存到新的文件中。

（2）启动 Python IDLE

从"开始"菜单中启动 Python IDLE，打开 Shell 窗口。

（3）打开 IDLE 编辑器

在 Shell 窗口的"File"菜单中选择"New File"命令，打开 IDLE 编辑器。

（4）编写代码

在 IDLE 编辑器中输入代码，如图 9-9 所示。

图 9-9　在 IDLE 编辑器中输入代码

（5）保存程序文件

在 IDLE 编辑器中，选择"File→Save"命令，打开"另存为"对话框，将程序文件保存到 Myfile 文件夹中。

（6）运行程序

在 IDLE 编辑器中，选择"Run→Run Module"命令（或按"F5"键），运行程序，如图 9-10 所示。运行结果如图 9-11 所示。

图 9-10　运行程序

< 60 >

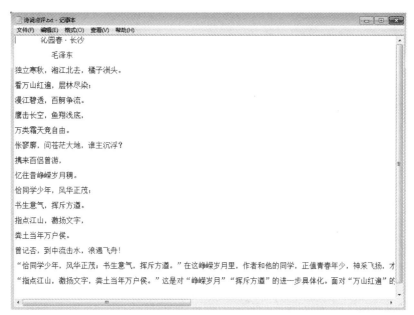

图 9-11 记事本窗口

【案例 9-3】

1. 实验内容

将相关信息写入"学生成绩信息.csv"文件。

2. 实验步骤

（1）启动 Python IDLE

从"开始"菜单启动 Python IDLE，打开 Shell 窗口。

（2）打开 IDLE 编辑器

在"File"菜单中选择"New File"命令，打开 IDLE 编辑器。

（3）编写代码

在 IDLE 编辑器中输入代码，如图 9-12 所示。

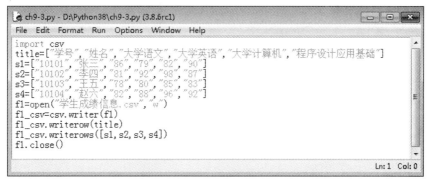

图 9-12 在 IDLE 编辑器中输入代码

（4）保存程序文件

在 IDLE 编辑器中，选择"File→Save"命令，打开"另存为"对话框，将程序文件保存到 Myfile 文件夹中。

< 61 >

（5）运行程序

在 IDLE 编辑器中，选择 "Run→Run Module" 命令（或按 "F5" 键），运行程序，如图 9-13 所示。运行结果如图 9-14、图 9-15 所示。

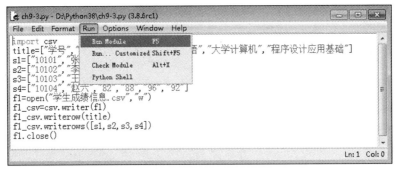

图 9-13　运行程序

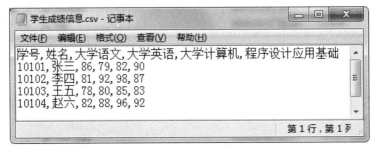

图 9-14　记事本窗口

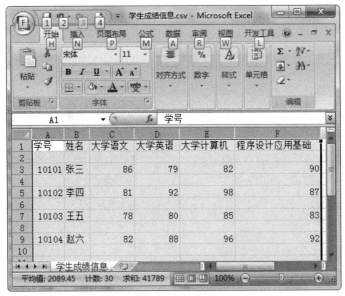

图 9-15　Microsoft Excel 窗口

【案例 9-4】

1. 实验内容

在 D 盘创建 "考生文件夹" 文件夹，结构如图 9-16 所示。

< 62 >

图 9-16　文件夹结构

2．实验步骤

（1）启动 Python IDLE

从"开始"菜单中启动 Python IDLE，打开 Shell 窗口。

（2）打开 IDLE 编辑器

在"File"菜单中选择"New File"命令，打开 IDLE 编辑器。

（3）编写代码

在 IDLE 编辑器中输入代码，如图 9-17 所示。

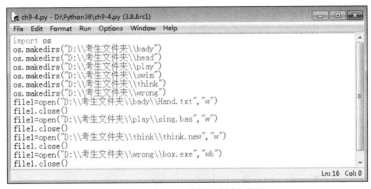

图 9-17　在 IDLE 编辑器中输入代码

（4）保存程序文件

在 IDLE 编辑器中，选择"File→Save"命令，打开"另存为"对话框，将程序文件保存到 Myfile 文件夹中。

（5）运行程序

在 IDLE 编辑器中，选择"Run→Run Module"命令（或按"F5"键），运行程序如图 9-18 所示。运行结果如图 9-19 所示。

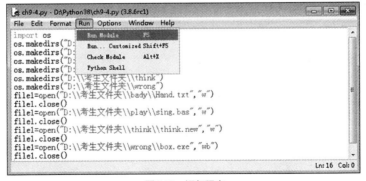

图 9-18　运行程序

< 63 >

图9-19　文件资源管理器窗口

【案例9-5】

1. 实验内容

针对 D 盘下的"考生文件夹",完成下列操作。

(1)将"考生文件夹"下 bady 文件夹中的 Hand.txt 文件移动到"考生文件夹"下 head 文件夹中,并改名为 new.wri。

(2)将"考生文件夹"下 play 文件夹中的 sing.bas 文件复制到"考生文件夹"下 swim 文件夹中。

(3)将"考生文件夹"下 think 文件夹中的 think.new 文件删除。

2. 实验步骤

(1)启动 Python IDLE

从"开始"菜单中启动 Python IDLE,打开 Shell 窗口。

(2)打开 IDLE 编辑器

在"File"菜单中选择"New File"命令,打开 IDLE 编辑器。

(3)编写代码

在 IDLE 编辑器中输入代码,如图 9-20 所示。

图9-20　在 IDLE 编辑器中输入代码

(4)保存程序文件

在 IDLE 编辑器中,选择"File→Save"命令,打开"另存为"对话框,将程序文件保存到 Myfile 文件夹中。

(5)运行程序

在 IDLE 编辑器中,选择"Run→Run Module"命令(或按"F5"键),运行程序如图 9-21 所示。

< 64 >

运行结果如图 9-22 所示。

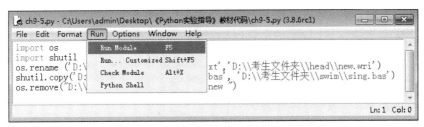

图 9-21　运行程序

图 9-22　文件资源管理器窗口

【案例 9-6】

1. 实验内容

读取 D:\\test\\myfile.txt，直接在交互式界面完成下面操作。

（1）如果以文本文件方式打开文件（文件对象记为 f1），使用 f1.read() 遍历全文本，最后关闭文件。

（2）如果以文本文件方式打开文件（文件对象记为 f1），使用 f1.readline() 进行读取，输出结果。再使用 f1.readlines() 遍历每一行，观察是否有输出。使用 tell() 方法查看文件指针位置，执行 f1.seek(0)后，再使用 f1.readlines() 遍历每一行，观察是否有输出。最后关闭文件。

2. 实验步骤

（1）启动 Python IDLE

从"开始"菜单启动 Python IDLE，打开 Shell 窗口，如图 9-23 所示。

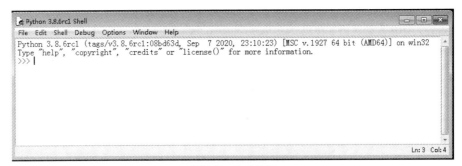

图 9-23　Shell 窗口

< 65 >

（2）使用 f1.read()遍历全文本

在 Shell 窗口中依次输入以下代码，运行结果如图 9-24 所示。

```
>>>f1= open('D:\\test\\myfile.txt','r')
>>>f1.read(16)
>>>f1.read(16)
>>>f1.read(16)
>>>f1.read(16)
>>>f1.read(16)
>>>f1.read(16)
>>>f1.read(16)
>>>f1.read(16)
>>>f1.read(16)
>>>f1.read(16)
>>>f1.read(16)
>>>f1.read(16)
>>>f1.read(16)
>>>f1.read(16)
>>>f1.close()
```

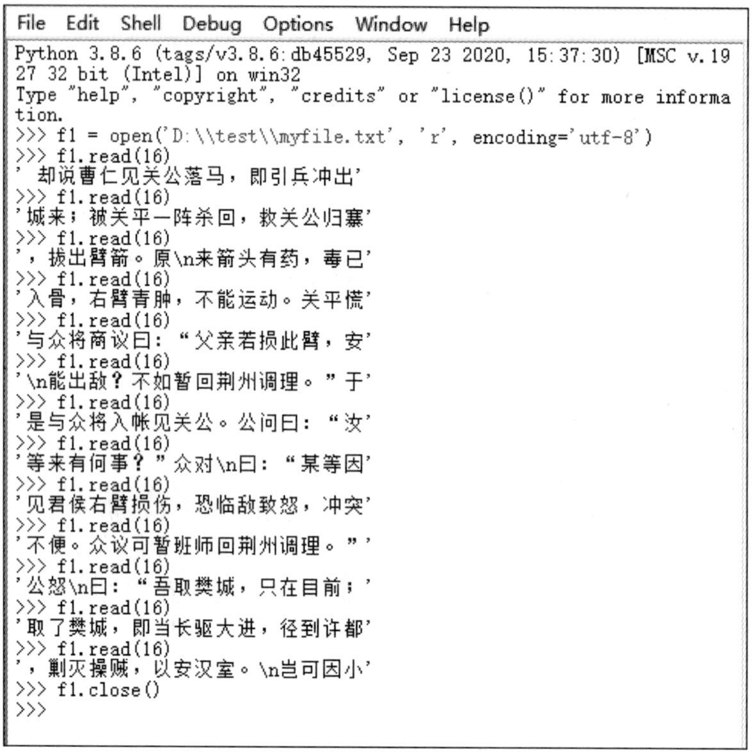

图 9-24　（2）中代码运行结果

（3）使用 f1.readline()读取文本

在 Shell 窗口中依次输入以下代码，运行结果如图 9-25 和图 9-26 所示。

```
>>>f1= open('D:\\test\\myfile.txt','r')
>>> f1.readline()
>>> f1.readline()
>>> f1.readline()
>>> f1. readlines()
>>>f1. tell()
>>> f1.seek(0)
>>> f1.readlines()
>>>f1.close()
```

< 66 >

```
File  Edit  Shell  Debug  Options  Window  Help
Python 3.8.6 (tags/v3.8.6:db45529, Sep 23 2020, 15:37:30) [MSC v.1927 32 bit (In
tel)] on win32
Type "help", "copyright", "credits" or "license()" for more information.
>>> f1 = open('D:\\test\\myfile.txt', 'r', encoding='utf-8')
>>> f1.readline()
'　却说曹仁见关公落马，即引兵冲出城来；被关平一阵杀回，救关公归寨，拔出臂箭。原\n
'
>>> f1.readline()
'来箭头有药，毒已入骨，右臂青肿，不能运动。关平慌与众将商议曰："父亲若损此臂，
安\n'
>>> f1.readline()
'能出敌？不如暂回荆州调理。"于是与众将入帐见关公。公问曰："汝等来有何事？"众
对\n'
>>> f1.readlines()
['曰："某等因见君侯右臂损伤，恐临敌致怒，冲突不便。众议可暂班师回荆州调理。"公
怒\n', '曰："吾取樊城，只在目前；取了樊城，即当长驱大进，径到许都，剿灭操贼，以
安汉室。\n', '当可因小疮而误大事？汝等敢慢吾军心耶！"平等默然而退。众将见公不肯
退兵，疮又不\n', '疼，只得四方访问名医。忽一日，有人从江东驾小舟而来，直至寨前。
小校引见关平。平视\n', '其人：方巾阔服，臂挽青囊；自言姓名，乃沛国谯郡人，姓华，
名佗，字元化。因闻关将军\n', '乃天下英雄，今中毒箭，特来医治。平大喜，即与众将同引华佗入帐见关公。时关公本
是臂疼，恐慢军心，无可消遣，正与马良\n', '弈棋；闻有医者至，即召入。礼毕，赐坐。
茶罢，佗请臂视之。公袒下衣袍，伸臂令佗看\n', '视。佗曰："此乃弩箭所伤，其中有乌
头之药，直透入骨；若不早治，此臂无用矣。"公\n', '曰："用何物治之？"佗曰："某
自有治法，但恐君侯惧耳。"公笑曰："吾视死如归，有\n', '何惧哉？"佗曰："当于静
处立一标柱，上钉大环，请君侯将臂穿于环中，以绳系之，然后\n', '以被蒙其首。吾用尖
```

图 9-25　（3）中代码运行结果 1

```
File  Edit  Shell  Debug  Options  Window  Help
头之药，直透入骨；若不早治，此臂无用矣。"公\n', '曰："用何物治之？"佗曰："某
自有治法，但恐君侯惧耳。"公笑曰："吾视死如归，有\n', '何惧哉？"佗曰："当于静
处立一标柱，上钉大环，请君侯将臂穿于环中，以绳系之，然后\n', '以被蒙其首。吾用尖
刀割开皮肉，直至于骨，刮去骨上箭毒，用药敷之，以线缝其口，方可\n', '无事。但恐君
侯惧耳。"公笑曰："如此，容易！何用柱环？"令设酒席相待。']
>>> f1.tell()
1921
>>> f1.seek(0)
0
>>> f1.readlines()
['　却说曹仁见关公落马，即引兵冲出城来；被关平一阵杀回，救关公归寨，拔出臂箭。原\
n', '来箭头有药，毒已入骨，右臂青肿，不能运动。关平慌与众将商议曰："父亲若损此
臂，安\n', '能出敌？不如暂回荆州调理。"于是与众将入帐见关公。公问曰："汝等来有
何事？"众对\n', '曰："某等因见君侯右臂损伤，恐临敌致怒，冲突不便。众议可暂班师
回荆州调理。"公怒\n', '曰："吾取樊城，只在目前；取了樊城，即当长驱大进，径到许
都，剿灭操贼，以安汉室。\n', '当可因小疮而误大事？汝等敢慢吾军心耶！"平等默然而
退。众将见公不肯退兵，疮又不\n', '疼，只得四方访问名医。忽一日，有人从江东驾小舟
而来，直至寨前。小校引见关平。平视\n', '其人：方巾阔服，臂挽青囊；自言姓名，乃沛
国谯郡人，姓华，名佗，字元化。因闻关将军\n', '乃天下英雄，今中毒箭，特来医治。平
大喜，即与众将同引华佗入帐
见关公。时关公本是臂疼，恐慢军心，无可消遣，正与马良\n', '弈棋；闻有医者至，即召
礼毕，赐坐。茶罢，佗请臂视之。公袒下衣袍，伸臂令佗看\n', '视。佗曰："此乃弩
箭所伤，其中有乌头之药，直透入骨；若不早治，此臂无用矣。"公\n', '曰："用何物治
之？"佗曰："某自有治法，但恐君侯惧耳。"公笑曰："吾视死如归，有\n', '何惧哉？"
佗曰："当于静处立一标柱，上钉大环，请君侯将臂穿于环中，以绳系之，然后\n', '以
被蒙其首。吾用尖刀割开皮肉，直至于骨，刮去骨上箭毒，用药敷之，以线缝其口，方可\n
', '无事。但恐君侯惧耳。"公笑曰："如此，容易！何用柱环？"令设酒席相待。']
>>> f1.close()
>>> |
```

图 9-26　（3）中代码运行结果 2

9.3　实验内容

1．编写程序，统计一个字符文件 file1 .txt 中各字符的个数。

2．编写程序，将文件 a.txt 的内容复制到文件 b.txt 中。

3．《三国演义》是一本鸿篇巨著，里面出现了诸多各具特色的人物，请使用 jieba 库，用词频统计的方法计算出场最多的 10 个人物。

< 67 >

第10章 面向对象编程

10.1 实验目的及要求

（1）理解类的概念，掌握定义类的方法。

（2）理解对象的概念，掌握对象的使用方法。

（3）理解类的继承概念，掌握子类的使用方法。

10.2 实验案例

【案例 10-1】

1. 实验内容

设计一个 Person 类，其具有名字、性别、体重 3 个属性。设计方法，描述运动对体重的影响，每次运动后体重会减少 0.2kg，每次吃东西体重会增加 0.25kg，输出对象的具体属性值。

2. 实验步骤

（1）思路剖析

① 确定类中的属性：包括 3 个实例属性 name、sex、weight。

② 确定类中的方法：

- 定义构造方法__init__()，用来初始化实例属性。
- 定义实例方法 sport()，代表运动这一行为，其使 weight 的值减少 0.2kg。
- 定义实例方法 food()，代表吃东西这一行为，其使 weight 的值增加 0.25kg。
- 定义特殊方法__str__()，用来输出对象的具体属性值。

③ 设计主程序步骤：首先创建对象，接着执行吃东西的方法，再执行运动的方法，最后输出对象。

（2）编写代码

新建 ".py" 文件，其内容如下。

```
class Person:
    def __init__(self, name,sex, weight):
        self.name = name
```

```
            self.sex=sex
            self.weight = weight
        def sport(self):
            self.weight -= 0.2
        def food(self):
            self.weight +=0.25
        def __str__(self):
            return '名字：%s\n 性别：%s\n 体重：%s\n' % (self.name,self.sex, self.weight)
p = Person('Xiaoming','male', 70)
p.food()
p.sport()
print(p)
```

（3）运行程序

程序运行结果如下。

```
名字：Xiaoming
性别：male
体重：70.05
```

【案例 10-2】

1．实验内容

设计一个游戏类 Game，用于记录各玩家的姓名，记录游戏历史最高分，显示游戏的帮助信息，显示历史最高分，执行当前玩家的游戏。

2．实验步骤

（1）思路剖析

① 确定类中的属性：

由于玩家是 Game 类的实例，因此定义玩家姓名 name，并且它是实例属性；

游戏历史最高分和类相关，因此定义类属性 high_score。

② 确定类中的方法：

定义构造方法__init__()，用来初始化实例属性；

定义静态方法 display_help()，用来显示游戏帮助信息；

定义类方法 display_highscore()，用来显示历史最高分，其需要使用类属性 high_score；

定义实例方法 start_game()，用来执行当前玩家的游戏；

定义特殊方法__repr__()，对实例化对象进行"自我描述"。

③ 设计主程序步骤：首先创建游戏对象；然后查看帮助信息，开始游戏；最后查看历史最高分。

（2）编写代码

新建 ".py" 文件，文件内容如下。

```
class Game:
    high_score=0                            #游戏最高分，类属性
    score=0                                 #实例属性，分数
    def __init__(self, player_name):
        self.player_name=player_name        #实例属性
    @staticmethod
    def display_help():                     #静态方法
        print("游戏帮助信息：猫和老鼠")
    @classmethod
    def display_highscore(cls):             #类方法
```

< 69 >

```
            print("游戏最高分是%d" % cls.high_score)
    def start_game(self):                    #实例方法
        print("[%s]开始游戏..." % self.player_name)
        Game.high_score=98
        self.score=98
    def __repr__(self):
        return '包含属性name=' + self.player_name + '和score=' + str(self.score)
g=Game("Eric")
Game.display_help()
g.start_game()
print(g)
Game.display_highscore()
```

（3）运行程序

程序运行结果如下。

```
游戏帮助信息：猫和老鼠
[Eric]开始游戏...
包含属性 name=Eric 和 score=98
游戏最高分是 98
```

【案例 10-3】

1. 实验内容

定义 Person 类，其具有姓名和年龄属性，其中年龄为私有属性；其提供相应的方法用来访问和设置私有属性（使用@property 装饰器）；其提供 show()方法用于输出所有属性的值；其派生出 Worker 类，该类用于增加薪水属性，且重定义 show()方法并输出所有属性的值。

2. 实验步骤

（1）思路剖析

① 定义 Person 类：

- 其包含 name、age 属性，分别表示姓名和年龄，其中 age 为私有属性；
- 在其中定义构造方法__init__(self, name, age)，用来初始化实例属性；
- 使用@property 装饰器，定义方法 def age(self)，用来返回 age 的值；
- 使用@age.setter，定义方法 def age(self, age)，用来设置 age 的值。
- 定义方法 def show(self)，输出属性的值。

② 派生出 Worker 类：

- 其包含 name、age、salary 属性。
- 重定义 show()方法。

③ 设计主程序步骤：首先创建 Worker 类的对象；然后修改和查看 age 的值。

（2）编写代码

新建 ".py" 文件，文件内容如下。

```
class Person:
    def __init__(self, name, age):
        self.name = name
        self.__age = age
    @property
    def age(self):
        return self.__age
    @age.setter
```

< 70 >

```
        def age(self, age):
            self.__age = age
        def show(self):
            print(self.name,self.__age)
    class Worker(Person):
        def __init__(self,name,age,salary):
            super().__init__(name, age)
            self.salary = salary
        def show(self):
            super().show()
            print(self.salary)
    p=Worker("Xiaoming",22,10000)
    print(p.age)
    p.age=23
    print(p.age)
    p.show()
```

（3）运行程序

程序运行结果如下。

```
22
23
Xiaoming 23
10000
```

【案例 10-4】

1. 实验内容

使用面向对象编程来描述学校雇佣教师和学生注册的基本情况，设计以下 4 个类。

① 学校类 School，其具有学校名称、地址、教师列表、学生列表属性；方法 enroll()用于输出学生注册信息，方法 hire()用于输出雇佣教师信息，方法 information()用来输出教师列表和学生列表。

② 定义学校成员类 schoolMember，其具有姓名、年龄、性别属性；定义空方法 show()。

③ 定义教师类 Teacher（从 schoolMember 类派生出来），用于增加酬金和课程属性；在该类中重写 show()方法，用来输出教师的信息；在该类中定义 teach()方法，用于输出教师授课情况。

④ 定义学生类 Student（从 schoolMember 类派生出来），用于增加 ID、学费和课程属性；在该类中重写 show()方法，用来输出学生的信息；在该类中定义 pay_tution()方法，用于输出学生缴纳学费情况。

2. 实验步骤

（1）思路剖析

① 定义 School 类：

* 其包含 name、addr、staffs、students 4 个属性，分别表示学校名称、地址、教师列表、学生列表；
* 定义方法 __init__(self,name,addr)，其为构造方法，用来进行初始化；
* 定义方法 enroll(self,stu)，用于输出学生注册信息；
* 定义方法 hire(self, staff)，用于输出雇佣教师信息；
* 定义方法 information(self)，用于输出教师列表和学生列表。

② 定义 schoolMember 类：

* 其包含 name、age、sex 3 个属性，分别表示姓名、年龄、性别；
* 定义方法 __init__(self,name,age,sex)，其为构造方法，用来进行初始化；
* 定义方法 show(self)，其为空方法。

< 71 >

③ 定义 Teacher 类（从 schoolMember 类派生出来）：

- 其包含 name、age、sex、salary、course 5 个属性；
- 定义方法__init__(self,name,age,sex,salary,course)，其为构造方法，用来进行初始化；
- 重写方法 show(self)，用于输出教师的信息；
- 定义方法 teach()，用于输出教师授课情况。

④ 定义 Student 类（从 schoolMember 类派生出来）：

- 其包含 name、age、sex、ID、tution、course 5 个属性；
- 定义方法__init__(self,name,age,sex,ID,course)，其为构造方法，用来进行初始化；
- 重写方法 show(self)，用于输出学生的信息；
- 定义方法 pay_tution(self,tution)，用于输出学生缴纳学费情况。

注意：School 类中 enroll(self,stu)方法的参数 stu 为 Student 类的一个对象；方法 hire(self, staff)中的参数 staff 为 Teacher 类的对象。

⑤ 设计主程序步骤：首先创建 School 类的对象；然后创建 Teacher 类的对象和 Student 类的对象，并分别通过 enroll()和 hire()方法实现学生注册与雇佣教师信息；最后输出各对象的信息。

（2）编写代码

新建 ".py" 文件，文件内容如下。

```python
class School:
    def __init__(self,name,addr):              #构造方法，用来进行初始化
        self.name=name
        self.addr=addr
        self.staffs=[]
        self.students=[]

    def enroll(self,stu):                       #学生注册
        print("学生 %s 办理注册手续" %stu.name)
        self.students.append(stu.name)
    def hire(self, staff):                      #雇佣教师
        print("雇 %s 为教师" % staff.name)
        self.staffs.append(staff.name)
    def information(self):
        print(self.students)                    #输出学生列表
        print(self.staffs)                      #输出教师列表

class schoolMember:
    def __init__(self,name,age,sex):
        self.name=name
        self.age=age
        self.sex=sex
    def show(self):
        pass

class Teacher(schoolMember):                     #新式类继承，继承父类 schoolMember
    def __init__(self,name,age,sex,salary,course):
        super().__init__(name,age,sex)          #使用 super()调用父类的初始化方法
        self.salary=salary
        self.course=course
    def show(self):
        print('''----%s  信息----
        Name: %s
        Age: %s
```

< 72 >

```
            Sex: %s
            Salary: %s
            Course: %s''' % (self.name,self.name,self.age,self.sex,self.salary,
self.course))
        def teach(self):                        #教师授课情况
            print(" %s is teaching course[%s]" % (self.name,self.course))

    class Student(schoolMember):                #新式类继承，继承父类 schoolMember
        def __init__(self,name,age,sex,ID,course):
            super().__init__(name,age,sex)      #使用 super()调用父类的初始化方法
            self.ID=ID
            self.course=course
        def show(self):
            print('''----%s  信息----
            Name:%s
            Age:%s
            Sex:%s
            ID:%s
            Course:%s''' % (self.name,self.name,self.age,self.sex,self.ID,self.course))
        def pay_tution(self,tution):
            self.tution=tution
            print("% s has paid tution for %s" % (self.name, tution))

school=School("程序设计学校","上海")       #实例化一个学校
t1=Teacher("张丽",33,'F',16000,"Python")    #实例化一个教师
t2=Teacher("李明",23,'M',13000,"Java")

s1=Student("小丽",19,'F',1001,'Linux')       #实例化一个学生
s2=Student("小为",20,'M',1002,'Python')

school.enroll(s1)                            #学生注册
school.enroll(s2)                            #学生注册
school.hire(t1)                              #雇佣教师
school.hire(t2)                              #雇佣教师
school.information()
t1.show()                                    #输出教师基本信息
t1.teach()                                   #输出教师授课信息
s1.show()                                    #输出学生基本信息
s1.pay_tution(5000)                          #学生缴纳学费
```

（3）运行程序

程序运行结果如下。

```
学生 小丽 办理注册手续
学生 小为 办理注册手续
雇 张丽 为教师
雇 李明 为教师
['小丽', '小为']
['张丽', '李明']
----张丽  信息----
    Name:张丽
    Age: 33
```

< 73 >

```
        Sex: F
        Salary: 16000
        Course: Python
 张丽 is teaching course [Python]
----小丽 信息----
        Name: 小丽
        Age: 19
        Sex: F
        ID: 1001
        Course: Linux
小丽 has paid tution for 5000
```

【案例 10-5】

1. 实验内容

通过运算符重载的方法实现"+""-""*""/"计算器，计算两个数值关于这些运算的结果。

2. 实验步骤

（1）思路剖析

① 定义 Computer 类：

- 其具有 number1 和 number2 两个属性，分别表示两个操作数；
- 定义方法__init__(self,number1,number2)，它为构造方法；
- 定义方法 def GetResult(self)，用于输出运算结果。

② 定义派生类 ComputerAdd：

- 定义方法__init__(self,number1,number2)，它为构造方法；
- 重写方法 def GetResult(self)，其功能是计算数值和。

③ 定义派生类 ComputerSub：

- 定义方法__init__(self,number1,number2)，它为构造方法；
- 重写方法 def GetResult(self)，其功能是计算数值差。

④ 定义派生类 ComputerMul：

- 定义方法__init__(self,number1,number2)：它为构造方法；
- 重写方法 def GetResult(self)，其功能是计算数值的乘积。

⑤ 定义派生类 ComputerDiv：

- 定义方法__init__(self,number1,number2)，它为构造方法；
- 重写方法 def GetResult(self)，其功能是计算数值的商。

⑥ 设计主程序步骤：首先通过键盘输入两个数值，再输入运算符"+""-""*"或"/"，根据运算符，调用不同的类并输出计算结果。

（2）编写代码

新建".py"文件，文件内容如下。

```
class Computer:
    def __init__(self,number1,number2):
        self.number1=number1;
        self.number2=number2;
    def GetResult(self):
        print('运算结果');
class ComputerAdd(Computer):
```

< 74 >

```
    def __init__(self,number1,number2):
        super(ComputerAdd,self).__init__(number1,number2);
    def GetResult(self):
        return self.number1+self.number2;
class ComputerSub(Computer):
    def __init__(self,number1,number2):
        super(ComputerSub,self).__init__(number1,number2);
    def GetResult(self):
        return self.number1-self.number2;
class ComputerMul(Computer):
    def __init__(self,number1,number2):
        super(ComputerMul,self).__init__(number1,number2);
    def GetResult(self):
        return self.number1*self.number2;
class ComputerDiv(Computer):
    def __init__(self,number1,number2):
        super(ComputerDiv,self).__init__(number1,number2);
    def GetResult(self):
        return self.number1/self.number2;
number1=int(input('请输入第一个操作数: '));
number2=int(input('请输入第二个操作数: '));
symbol=input('请输入运算符: ');
q=None;        #未赋值的变量，代表一个计算器
if symbol=='+':
        q=ComputerAdd(number1,number2);
elif symbol=='-':
        q = ComputerSub(number1,number2);
elif symbol == '*':
        q = ComputerMul(number1,number2);
elif symbol == '/':
        q = ComputerDiv(number1,number2);
else:
        print('输入错误');
print('计算结果: ',q.GetResult())
```

（3）运行程序

程序运行结果如下。

```
请输入第一个操作数: 2
请输入第二个操作数: 3
请输入运算符: *
计算结果:   6
```

10.3　实验内容

1. 定义矩形类 Rectangle，其具有长和宽属性；定义 3 个方法，分别实现属性的初始化、面积的计算、周长的计算。

2. 定义学生类 Student，其具有姓名、语文成绩、数学成绩、英语成绩 4 个属性；设计构造方法和两个实例方法。其中，方法 scoring() 对各科成绩（单位：分）进行等级划分：[90,100]为"A"；[80,89]为"B"；[70,79]为"C"；[60,79]为"D"；[0,59]为"E"；小于 0 或者大于 100，则输出"成绩有误"。方法 display() 返回学生各科成绩和等级信息。

3. 定义 Person 类，其具有姓名和年龄属性，具有交谈（talk）的功能。其派生出中国人（ChPerson）

< 75 >

类，用于增加语言属性并赋值为"Chinese"，该类重写 talk()方法，指定使用 Chinese 进行交谈，并且该类增加了用筷子吃饭的方法 eat()。

4. 定义 Vector 矢量类，对运算符重载，实现矢量的相加和相减。

5. 定义交通工具类，其具有交通工具名称属性，提供描述交通工具正在行驶的方法。其派生出货车类和火车类，货车类增加载重属性，火车类增加车厢数目属性。货车类和火车类均重写父类的描述交通工具正在行驶的方法，货车类增加对载重属性的描述，火车类增加对车厢数目的描述。

6. 在上面实验 5 的基础上，实现多态。

< 76 >

第11章 程序异常处理

11.1 实验目的及要求

（1）理解异常的基本概念。
（2）掌握异常处理程序的编写方法。

11.2 实验案例

【案例 11-1】

1. 实验内容

获取异常信息。

2. 实验步骤

（1）编写异常处理代码，针对"1/0"触发异常，调用 trace 模块的 str(e)、repr(e)、traceback.print_exc()方法查看异常信息。

① 新建".py"文件，文件内容如下。

```
import traceback
try:
    1/0
except Exception as e:
    print('str(e):\t\t', str(e))
    print('repr(e):\t', repr(e))
print('traceback.print_exc():'); traceback.print_exc()
```

② 运行程序，结果如下。

```
str(e):         division by zero
repr(e):  ZeroDivisionError('division by zero',)
traceback.print_exc():
Traceback (most recent call last):
  File "C:/Users/yinbo/PycharmProjects/untitled1/test.py", line 3, in <module>
    1/0
ZeroDivisionError: division by zero
```

（2）编写异常处理代码，针对"i = int('a')"触发异常，使用 sys.exc_info()方法返回异常的全部信息，使用 traceback.print_exc()方法将异常信息输出到控制台和文件中。

① 新建".py"文件，文件内容如下。

```
import sys
import traceback
try:
    i = int('a')
except Exception as e:
    print(sys.exc_info())
    traceback.print_exc(file=open('error.txt', 'a'))
```

② 运行程序，结果如下。

```
(<class 'ValueError'>, ValueError("invalid literal for int() with base 10: 'a'",),
<traceback object at 0x00000000024FA808>)
```

输入以下代码，可以查看当前的工作目录，如 C:\Users\yinbo\PycharmProjects\untitled1。

```
import os
curPath = os.path.abspath(os.path.dirname(__file__))
print(curPath)
```

打开工作目录，可以看到生成的用来保存异常信息的文件 error.txt，打开该文件，其内容如下。

```
Traceback (most recent call last):
  File "C:/Users/yinbo/PycharmProjects/untitled1/test.py", line 4, in <module>
    i = int('a')
ValueError: invalid literal for int() with base 10: 'a'
```

【案例 11-2】

1．实验内容

输入一个字符串，对输入的字符串进行异常处理。

① 设计一个异常类，如果字符串长度小于 8，则抛出该异常。

② 对 Python 内置的异常类 EOFError 进行处理，输出"触发了 EOF 错误，按了 Ctrl+D"。

③ 对其他异常进行处理，输出"未知异常"。

2．实验步骤

（1）思路剖析

① 定义异常类 MyException，属性 length 为输入字符串的长度，属性 least 为字符串的最小长度；设计构造方法。

② 使用 try-except-finally 来处理异常，其包含 3 个 except 代码块。

except EOFError：处理 EOFError 错误。

except MyException：处理 MyException 错误。

except：处理其他错误。

finally 代码块：输出"无论有无异常都会执行这里!"。

（2）编写代码

新建".py"文件，文件内容如下。

```
class MyException(Exception):
    def __init__(self, length, least):
        Exception.__init__(self)
        self.length = length
        self.least = least
try:
    s = input('输入一个字符串: ')
    if len(s) < 8:
```

< 78 >

```
        raise MyException(len(s), 8)
except EOFError:
    print('触发了 EOF 错误，按了 Ctrl+D')
except MyException as e:
    print('输入的字符串只有%d 个字符，至少需要%d 个字符' % (e.length, e.least))
except:
    print('其他错误！')
finally:
print('无论有无异常都会执行这里！')
```

（3）运行程序

程序运行结果如下。

```
输入一个字符串：a b
输入的字符串只有 2 个字符，至少需要 8 个字符
无论有无异常都会执行这里！
```

【案例 11-3】

1．实验内容

输入若干个成绩，计算并输出平均分。每输入一个成绩后，屏幕显示"yes/no"，询问是否继续输入成绩。回答"yes"就继续输入下一个成绩，回答"no"就停止输入成绩。

2．实验步骤

（1）思路剖析

① 定义列表 scores 用来保存成绩，使用 try except 来捕捉异常。将输入的成绩赋给临时变量 x，将 x 添加到列表中；如果 x 不是数值类型，则使用 except 代码块处理异常。

② 使用 while 循环实现多次输入成绩，在 while 循环里面使用 if-else 语句来判断用户是否选择继续输入或退出，即用户的输入必须是元组('yes','no')里面的元素（用户只能输入"yes"或"no"）。

③ 计算平均值：使用 sum(scores) / len(scores)计算所有成绩的平均值。

（2）输入代码

新建".py"文件，文件内容如下。

```
scores= []                    #使用列表存放临时数据
while True:
    x = input('请输入一个成绩: ')
    try:                      #异常处理结构
        scores.append(float(x))
    except:
        print('不是合法成绩')
    while True:
        flag = input('继续输入吗?（yes/no）').lower()
        if flag not in ('yes', 'no'):   #限定用户输入内容必须为 yes 或 no
            print('只能输入 yes 或 no')
        else:
            break
    if flag == 'no':
        break
print("平均成绩为: ",sum(scores) / len(scores))
```

（3）运行程序

程序运行结果如下。

< 79 >

```
请输入一个成绩: 90
继续输入吗?（yes/no）yes
请输入一个成绩: s
不是合法成绩
继续输入吗?（yes/no）yes
请输入一个成绩: 95
继续输入吗?（yes/no）no
平均成绩为: 92.5
```

【案例 11-4】

实验内容：断言的使用。

（1）对"a < 0"进行判断，如果不成立，则抛出异常"a 必须小于 0"。代码如下。

```
a = 1
assert a < 0, "a 必须小于 0"
```

（2）对表达式"a > 0, b < 0"进行判断，如果不成立，则抛出异常；否则输出"正常"。代码如下。

```
a = 1
b = -1
assert a > 0, b < 0
print('正常')
```

（3）使用 try-except 语句捕获异常。对"a < 0"进行判断，不成立则为异常。代码如下。

```
import traceback
a=1
try:
 assert a < 0
except AssertionError as e:
  print('AssertionError')
```

运行结果如下。

```
AssertionError
```

（4）函数调用抛出异常。定义函数用于计算商，参数为被除数和除数，如果除数为 0，则抛出异常；否则返回商。代码如下。

```
def division(num1, num2):
 assert num2 != 0
 return num1 / num2
print('4 除以 2 =', division(4, 2))
print('4 除以 0 =', division(4, 0))
```

运行结果如下。

```
4 除以 2 = 2.0
Traceback (most recent call last):
  File "C:/Users/yinbo/PycharmProjects/untitled1/test.py", line 5, in <module>
    print('4 除以 0 =', division(4, 0))
  File "C:/Users/yinbo/PycharmProjects/untitled1/test.py", line 2, in division
    assert num2 != 0
AssertionError
```

11.3 实验内容

1. 自定义异常类，如果输入的成绩大于 100 分，则抛出异常。
2. 设计函数 func(Mylist)，其中 Mylist 为列表。该函数用来返回 Mylist 中小于 100 的偶数，这些

< 80 >

偶数组成一个列表。使用 assert 断言来返回结果和类型。

3. 编写一个程序，要求用户输入一个文件路径，程序尝试读取该文件并统计其总行数。若文件不存在或无法打开，捕获异常并提示"文件无法读取"；若读取成功，输出总行数。

4. 设计一个函数 apply_discount(price, discount)，用于计算折后价格。参数说明：

（1）price 为原价，必须为正数；

（2）discount 为折扣率，范围需在 0~1。

若 price 为负数或 discount 超出范围，应抛出自定义异常 InvalidDiscountError。

5. 编写一个手机号码注册程序，要求用户输入一个字符串作为手机号。若输入的字符串，不是 11 位数字或包含非数字字符，则抛出异常，提示"手机号格式不符合要求"。

< 81 >

第 12 章 数据库技术

12.1 实验目的及要求

（1）掌握 Python 中 sqlite3 模块的使用方法。
（2）掌握 MySQL 在 Python 中的使用方法。

12.2 知识要点

1. SQLite3 数据库的特点

（1）它已内嵌在 Python 中，使用时需要导入 sqlite3 模块。

（2）它使用 C 语言开发，不支持外键限制。

（3）它支持原子的、一致的、独立和持久的事务。

（4）它通过数据库级上的独占性和共享锁定来实现独立事务，当多个线程和进程同一时间访问同一数据库时，只有一个可以写入数据。

（5）它支持创建 140TB 规模的数据库，每个数据库完全存储在单个磁盘文件中，以 B+ 树数据结构的形式存储，一个数据库就是一个文件，通过复制即可实现备份。

2. SQLite3 数据库的基本操作

（1）数据库连接：conn=sqlite3.connect('c: \ test hongren.db')。

（2）conn 对象是数据库连接对象。数据库连接对象可进行以下操作。

- 事务提交：commit()。
- 事务回滚：rollback()。
- 关闭一个数据库连接：close()。
- 创建临时游标：cursor()。
- 创建游标对象：cu=conn.cursor()

（3）在 SQLite3 中，所有 SQL 语句的执行都要在游标对象的参与下完成，游标对象 cu 可进行以下操作。

- 执行一条 SQL 语句：execute()。
- 执行多条 SQL 语句：executemany()。

- 游标关闭：close()。
- 从结果中取出一条记录：fenchone()。
- 从结果中取出多条记录：fetchmany()。
- 从结果中取出所有记录：fetchall()。
- 游标滚动：scroll()。

3．MySQL 数据库的主要模块

- commit()：提交事务。
- rollback()：回滚事务。
- callproc(sef,procname,args)：用来执行存储过程，接收的参数为存储过程名和参数列表，返回值为受影响的行数。
- execute(self,query,args)：执行单条 SQL 语句，接收的参数为 SQL 语句本身和使用的参数列表，返回值为受影响的行数。
- executemany(self,query,args)：执行单条 SQL 语句，但是重复执行参数列表里的参数，返回值为受影响的行数。
- nextset(self)：移动到下一个结果集。
- fetchall(self)：接收全部的返回结果行。
- fetchmany(self,size=None)：接收 size 行返回结果。如果 size 的值大于返回的结果行的数量，则接收 cursor.arraysize 行数据。
- fetchone(self)：返回一个结果行。
- scroll(self，value，mode='relative')：移动指针到某一行。如果 mode='relative'，则表示从当前所在行移动 value 行；如果 mode='absolute'，则表示从结果集的第一行移动 value 行。

12.3　实验案例

【案例 12-1】

1．实验内容

SQLite 数据库应用程序设计。编写程序，连接本地 D 盘下的 sales.db 数据库，对其进行增、删、改、查操作。

2．实验步骤

（1）思路剖析

在 Python 中导入模块 sqlite3，对 sales.db 数据库进行一些基本操作。

① 打开数据库：opendb()。
② 显示所有通信录数据：showalldb()。
③ 添加数据：adddb()。
④ 删除数据：deldb()。
⑤ 修改数据：alterdb()。
⑥ 查询数据：searchdb()。

（2）编写代码

程序代码如下。

< 83 >

```
import sqlite3
def opendb():                                    #打开数据库
    con=sqlite3.connect("d:\sales.db")           #连接数据库
    """"创建游标对象"""
    cur=con.execute("""create table if not exists tongxinlu(usernum
integer primary key,username varchar(128),password varchar(128),
address varchar(128),telnum varchar(128)) """)
    return cur,con                               #返回游标对象和连接对象
def showalldb():
    print("-------------处理后的数据----------------")
    hel=opendb()
    cur=hel[1].cursor()                          #创建游标对象
    cur.execute("select * from tongxinlu")       #查询通信录中的所有数据
    res=cur.fetchall()                           #返回结果集的剩余行（row 对象列表）
    for line in res:
        for h in line:
            print(h)
        print()
    cur.close()
#输入信息
def into():
    usernum=(int)(input("请输入学号: "))
    username=input("请输入姓名: ")
    password=input("请输入密码: ")
    address=input("请输入地址: ")
    telnum=input("请输入联系电话: ")
    return usernum,username,password,address,telnum
#向数据库添加数据
def adddb():
    welcome="""--------欢迎使用数据库添加数据功能----------"""
    print(welcome)
    person=into()
    hel=opendb()
    hel[1].execute("""insert into tongxinlu(usernum,username,
                password,address,telnum) values(?,?,?,?,?)""",
    (person[0],person[1],person[2],person[3],person[4]))
    hel[1].commit()
    print("-----------恭喜你提交数据成功-----------")
    showalldb()
    hel[1].close()
#删除数据库中的数据
def deldb():
    welcome="""--------欢迎使用数据库删除数据功能----------"""
    print(welcome)
    delchoice=input("请输入要删除的学生学号: ")
    hel=opendb()
    hel[1].execute("delete from tongxinlu where usernum="+delchoice)
    hel[1].commit()
    print("-----------数据删除成功-----------")
    showalldb()
    hel[1].close()
#修改数据
def alterdb():
```

< 84 >

```
        pass

#查询数据
def searchdb():
    pass

#是否继续
def conti():
    choice=input("输入你的选项（y/n 或 Y/N）: ")
    if choice=='y' or choice=='Y':
        flag=True
    else:
        flag=False
    return flag

if __name__=="__main__":
    flag=1
    while flag:
        print("--------欢迎使用数据库通信录----------")
        choicehow="""
        ----菜单----
        1-添加数据
        2-删除数据
        3-修改数据
        4-查询数据
        0-退出
        请输入你的选择: """
        choice=input(choicehow)
        if choice=="1":
            while 1:
                adddb()
                if not conti():
                    break
        elif choice=="2":
            while 1:
                deldb()
                if not conti():
                    break
        elif choice=="3":
            while 1:
                alterdb()
                if not conti():
                    break
        elif choice=="4":
            while 1:
                searchdb()
                if not conti():
                    break
        elif choice=="0":
            break
        else:
            print("输入错误，请重新选择! ")
```

（3）运行程序

程序运行结果（部分）如图 12-1 所示。

< 85 >

```
>>>
==================== RESTART: D:\mag\database_example1.py ====================
--------欢迎使用数据库通信录----------

        ----菜单----
        1-添加数据
        2-删除数据
        3-修改数据
        4-查询数据
        0-退出
        请输入你的选择:
```

图 12-1　程序运行结果（部分）

【案例 12-2】

1. 实验内容

MySQL 数据库应用程序设计。编写程序，连接本地 D 盘下的 sales.db 数据库，对其进行增、删、改、查操作。

2. 实验步骤

（1）思路剖析

在 Python 中导入模块 pymysql，对 sales.db 数据库进行一些基本操作。

① 打开数据库：opendb()。

② 显示所有通信录数据：showalldb()。

③ 添加数据：adddb()。

④ 删除数据：deldb()。

⑤ 修改数据：alterdb()。

⑥ 查询数据：searchdb()。

（2）编写代码

程序代码如下。

```
import pymysql
def opendb():                              #打开数据库
    con=pymysql.connect(user='root',password='123456',host='127.0.0.1',database=
'test')        #连接数据库
    cur=con.cursor()
    cur=con.execute("""create table if not exists tongxinlu(usernum
integer primary key,username varchar(128),password varchar(128),
address varchar(128),telnum varchar(128))""")
    return con,cur                         #返回游标对象和连接对象

def showalldb():
    print("--------------处理后的数据---------------")
    hel=opendb()
    cur=hel[1].cursor()                    #创建游标对象
    cur.execute("select * from tongxinlu") #查询通信录中的所有数据
    res=cur.fetchall()                     #返回结果集的剩余行（row 对象列表）
    for line in res:
        for h in line:
            print(h)
```

< 86 >

```
        print()
    cur.close()

#输入信息
def into():
    usernum=(int)(input("请输入学号: "))
    username=input("请输入姓名: ")
    password=input("请输入密码: ")
    address=input("请输入地址: ")
    telnum=input("请输入联系电话: ")
    return usernum,username,password,address,telnum

#向数据库添加数据
def adddb():
    pass

#删除数据库中的数据
def deldb():
    pass

#修改数据
def alterdb():
    print("----------欢迎使用数据库修改数据功能----------")
    alterchoice=input("请输入要修改数据的学生学号: ")
    hel=opendb()
    person=into()
    hel[1].execute("""update tongxinlu set usernum=?,username=?,password=?,
address=?,telnum=? \
    where usernum="""+alterchoice, (person[0],person[1],person[2],person[3],
person[4]))
    hel[1].commit()
    showalldb()
    hel[1].close()
    print("----------恭喜你数据修改成功----------")

#查询数据
def searchdb():
    choice=input("请输入要查询的学生学号: ")
    hel=opendb()
    hel[1].execute("select * from tongxinlu where usernum="+choice)
    hel[1].commit()
    print("----------查询数据显示如下----------")
    for row in cur:
        print(row[0],row[1],row[2],row[3],row[4])
    cur.close()
    hel[1].close()

#是否继续
def conti():
    choice=input("输入你的选项（y/n 或 Y/N）: ")
    if choice=='y' or choice=='Y':
        flag=True
    else:
        flag=False
    return flag
```

< 87 >

```
if __name__=="__main__":
    flag=1
    while flag:
        print("--------欢迎使用数据库通信录----------")
        choicehow="""
        ----菜单----
        1-添加数据
        2-删除数据
        3-修改数据
        4-查询数据
        0-退出
        请输入你的选择: """
        choice=input(choicehow)
        if choice=="1":
            while 1:
                adddb()
                if not conti():
                    break
        elif choice=="2":
            while 1:
                deldb()
                if not conti():
                    break
        elif choice=="3":
            while 1:
                alterdb()
                if not conti():
                    break
        elif choice=="4":
            while 1:
                searchdb()
                if not conti():
                    break
        elif choice=="0":
            break
        else:
            print("输入错误, 请重新选择! ")
```

12.4 实验内容

1. 在案例 12-1 的基础上, 设计数据库的修改和查询功能。
2. 在案例 12-2 的基础上, 设计数据库的插入和删除功能。

< 88 >

## 第二部分

主教材习题
参考答案

第 1 章　Python 概述习题参考答案

一、简答题

1. Python 的特点和优势有哪些?

Python 最大的特点是语法的简洁性和资源的丰富性，其优势在于简单易学、可扩展性好、函数库功能强大。

2. Python 的应用领域有哪些?

Python 的应用领域包括科学计算、可视化计算、人工智能和机器学习、图形用户界面设计、数字图像处理、视觉识别、Web 网站开发、软件开发、网络爬虫、自动化运维和测试等。

二、编程题

1. 在 Python IDLE 的 Shell 窗口中输出"你好，Python"。

```
>>> print('你好, Python! ')
```

2. 编写程序，实现在图形用户界面中显示"学习 Python"字符串。

```
>>>import sys
>>>import tkinter
>>>root = tkinter.Tk()
>>>root.title('学习 Python')
>>>root.minsize(200, 100)
>>>tkinter.Label(root, text='学习 Python').pack()
>>>tkinter.Button(root, text='退出', command=sys.exit).pack()
>>>root.mainloop()
```

3. 写出 Python 第三方游戏包 pygame 的安装命令。

```
> pip3 install pygame
```

第 2 章　数据类型与常用内置对象习题参考答案

一、单选题

1. B　2. C　3. B　4. C　5. B　6. B　7. A　8. B　9. C　10. C

二、填空题

1. x>=-10 and x<=10

2. math.factorial(4)

3. 8

4. 0

5. 随机生成一个[10,50]范围内的整数

6. 程序休眠 4.5s

三、在 Python Shell 窗口完成以下任务并观察结果

1. 随机生成[2,20]内的浮点数。

```
>>>import random
>>>random.uniform(2,20)
```

2. 获取系统当前时间的时间戳、字符串形式、时间结构元组形式（本地时间）。

```
>>>import time
>>>time.time()
>>>time.ctime()
>>>time.localtime()
```

< 90 >

第3章　数据输入输出习题参考答案

一、选择题

1. C　2. B　3. C　4. B　5. D　6. C　7. D　8. A　9. C　10. A

二、填空题

1. C

2. 68=0o104=0x44

3.
```
000123  123
123    000123
```

4.
```
96.3,0096.30
47.90,00096.3
```

5. printerprin

三、编程题

1. 编写程序，实现从键盘输入圆的半径，程序自动求圆的周长和面积。（结果保留2位小数。）

```
import math
r=eval(input("请输入圆的半径: "))
l=2*math.pi*r
s=math.pi*r*r
print("圆的半径为{}时，周长为{:.2f}，面积为{:.2f}".format(r,l,s))
```

2. 编写程序，实现从键盘输入实数 x，程序自动计算并输出表达式 $\sqrt[3]{x}\sin 60° \log_{10} x$ 的值。（结果保留3位小数。）

```
import math
x=eval(input("请输入一个实数: "))
y=math.pow(x,1/3)*math.sin(math.radians(60))*math.log10(x)
print("当x={}时，y={:.3f}".format(x,y))
```

3. 编写程序，实现从键盘输入球的半径，程序自动计算出球的表面积和体积。（结果保留2位小数。）

```
import math
r=eval(input("请输入球的半径: "))
s=4*math.pi*r*r
v=4/3*math.pi*r**3
print("球的表面积为{:.2f}，球的体积为{:.2f}".format(s,v))
```

4. 编程程序，求解一元二次方程 $x^2-8x+8=0$。（保留2位小数。）

```
import math
a=1;b=-8;c=8
d=b*b-4*a*c
x1=(-b+math.sqrt(d))/(2*a)
x2=(-b-math.sqrt(d))/(2*a)
print("方程的两个根为%.2f和%.2f"%(x1,x2))
```

5. 编写程序，实现从键盘输入两个整数，程序计算它们的和，并分别用十进制、八进制和十六进制表示。

```
x=eval(input("请输入整数x: "))
y=eval(input("请输入整数y: "))
s=x+y
print("两个数的和为{0}或{0:#o}或{0:#x}".format(s))
```

< 91 >

第4章　程序控制结构习题参考答案

一、选择题

1. A　2. C　3. C　4. B　5. C　6. A　7. A　8. C　9. C　10. D

二、填空题

1. 1　6　11　16
2. 10　8　6　4　2
3. 7
4. break
5. transpose()

三、编程题

1. 随机产生 10 个 100 以内的整数，求最大数和最小数。

```python
import numpy as np

numbers = np.random.randint(0,100, 10)
max_num = np.max(numbers)
min_num = np.min(numbers)
print("随机产生的10个整数为", numbers,"其中最大数为",max_num,"最小数为",min_num)
```

2. 用户从键盘输入任意一个整数，程序计算该整数的位数。提示：将整数整除 10，直到结果为 0，整除的次数就是这个整数的位数。

```python
n = eval(input("请输入一个整数："))
digit_count = 0
temp = user_input    #使用一个临时变量来保存原始输入，避免改变 user_input 的值
while temp != 0:
    temp //= 10
    digit_count += 1
print(f"你输入的整数 {user_input} 是 {digit_count} 位数。")
```

3. 有以下四元一次方程组，编程求解该方程组。

$$\begin{cases} 2w+3x+4y-5z=-6, \\ 6w+7x-8y+9z=96, \\ 10w+11x+12y+13z=312, \\ 14w+15x+16y+17z=416。 \end{cases}$$

```python
import numpy as np

A = np.array([[2, 3, 4, -5],
              [6, 7, -8, 9],
              [10, 11, 12, 13],
              [14, 15, 16, 17]])
b = np.array([-6, 96, 312, 416])
solution = np.linalg.solve(A, b)
w, x, y, z = solution
print(f"w = {w}, x = {x}, y = {y}, z = {z}")
```

4. 设有方程 $y=3x^3-5x^2+2x-17$，当 x 的值为 1,2,3,…,20 时，编程，求 y 的值。

```python
for x in range(1, 21):
    y = return 3 * x**3 - 5 * x**2 + 2 * x - 17
    print(f"当x={x}时，y={y}")
```

5. 设有矩阵 A、B 如下，编程，求 $A*B$。

< 92 >

$$A=\begin{pmatrix} 2 & 0 & -1 \\ 1 & 3 & 2 \end{pmatrix}, \quad B=\begin{pmatrix} 1 & 7 & -1 \\ 4 & 2 & 3 \\ 2 & 0 & 1 \end{pmatrix}.$$

```
import numpy as np
A = np.array([[2, 0, -1], [1, 3, 2]])
B = np.array([[1, 7, -1], [4, 2, 3], [2, 0, 1]])
C = np.dot(A, B)
print("矩阵 A 和 B 的乘积 C 为",C)
```

6. 利用 NumPy 中的多项式处理函数，编程计算 $f(x)=x^4+2x^2+3$ 在 $x=2$ 和 $x=6$ 时的值，并输出 $f(x)$ 的一阶导数和二阶导数。

```
import numpy as np
A= np.array([1, 0, 2, 0, 3])
x_values = [2, 6]      #x 的取值

f_values = np.polyval(A, x_values)
print(f"多项式在 x={x_values}时的值为{f_values}")

first_derivative_A = np.polyder(A)
print(f"一阶导数多项式的系数为{first_derivative_A}")

second_derivative_A = np.polyder(A,2)
print(f"二阶导数多项式的系数为{second_derivative_A}")
```

第 5 章　字符串习题参考答案

一、选择题

1. D　2. C　3. D　4. B　5. A

二、填空题

1. endswith()
2. replace("a","ok")
3. 正向索引、负向索引

三、编程题

1. 编程输出字符串"字符"的 UTF-8 编码。

```
s = "字符"
utf8_encoded = s.encode('utf-8')
print(utf8_encoded)
```

2. 开发敏感词语过滤程序，提示用户输入内容，如果用户输入的内容中包含特殊的字符，如"ab""xo"，则将其替换为"**"。

```
content = input("请输入内容: ")
sensitive_words = ["ab", "xo"]
  for word in sensitive_words:
     content = content.replace(word, "**")
print(filtered_content)
```

3. 输入一个字符串，将字符串中所有的数字字符取出来，形成一个新的字符串。例如，输入"abc1xyz23"，输出为"123"。

```
s = input("请输入字符串: ")
output =''
for c in s:
```

< 93 >

```
        print(c)
        if str.isdigit(c):
            output+=c
print(output)
```

4. 编程，输出两个字符串中公共的字符。例如，字符串 1 为 "abc123"，字符串 2 为 "mnae3"，公共字符为 "a3"。

```
s1= input("请输入第一个字符串: ")
s2= input("请输入第二个字符串: ")

common_str=""          #将公共字符记录到 common-str 中
for c1 in s1:
    for c2 in s2:
        if c1 == c2 and c1 not in common_str:
            common_str+=c1
            break
print(f"公共字符有: {common_str}")
```

5. 编程，统计字符串中数字、字母、下画线的个数。

```
s = input("请输入字符串: ")
digits=0
letters=0
underscores=0

for c in s:
    if str.isdigit(c):
        digits+=1
    elif str.isalpha(c):
        letters+=1
    elif c=='_':
        underscores+=1

print(f"数字个数为{digits}，字母个数为{letters}，下画线个数为{underscores}")
```

6. 编程，实现输入一行字符，程序统计其中有多少个单词，每两个单词之间以空格隔开。例如，输入 "This is a C++ program."，输出为 "There are 5 words in the line."。

```
s = input("请输入字符串: ")
words = s.split()
print(f"There are {len(words)} words in the line.")
```

第 6 章　组合数据类型与中文分词习题参考答案

一、简答题

1. 列表和元组的主要区别是什么？

列表和元组的主要区别如下。

（1）元组里面的元素不能修改，而列表里的元素能修改。

（2）列表和元组的定义符号不一样，列表使用[]定义，而元组使用（）定义。

2. 为什么应尽量从列表的尾部进行元素的增加与删除操作？

在列表头部和中间位置增加或删除元素时，不仅效率较低，而且该位置后面所有元素在列表中的索引会发生变化，因此，应尽量从列表尾部进行元素的增加与删除操作。

3. 如何实现列表、元组和字典元素的遍历？

通过 for-in 语句实现。

（1）列表

```
for <变量名> in <列表名>:
```

< 94 >

```
            <语句块 >
```
（2）元组
```
for <变量名> in <元组名>:
            <语句块 >
```
（3）字典
```
for <变量名> in <字典名>:
            变量名
            字典名[变量名]
```

4. 已知列表 L1 和 L2 如下所示，由 L1 和 L2 构造 L3。回答相关问题。
```
>>>L1=[1,2,3,4,5]
>>>L2=["one","two","three","four","five"]
>>>L3=[[L1[1],L2[1]], [L1[2],L2[2]], [L1[3],L2[3]]]
```
（1）L3 的值是[[2, 'two'], [3, 'three'], [4, 'four']]。

（2）L3[1][1]的值是'three'。

（3）L3 的值是[[2, 'two'], [3, 'three']]，L4 的值是[4, 'four']。

（4）L3 的值是[[2, 'two'], [3, 'three'], 4, 'four']。

二、编程题

1. 将元组 T1=(1,3,5,7,9)转换成列表。
```
>>>L1=list(T1)
>>>L1
[1, 3, 5, 7, 9]
```

2. 有字典 D1={"A":">90", "B":"80-90","C":"70-80","D":"60-70"},写出下列操作的代码。

（1）向字典中添加键值对"E":<60"。

（2）修改"C"对应的值为" >=70 且<80"。

（3）删除"B"对应的键值对。

（4）查找">90"对应的键。

```
>>>D1["E"]="<60"              #（1）的代码
>>>D1["C"]=" >=70 且<80"      #（2）的代码
>>>del D1["B"]                #（3）的代码
#（4）方法1
>>> list(D1.keys())[list(D1.values()).index(">90")]
#（4）方法2
>>> newD1= { v:k for k,v in D1.items()}
>>>newD1[">90"]
```

3. 列表计算和排序。通过键盘输入一系列整数值，输入 0 表示结束输入，将这些值（不含 0）建立为一个列表，求列表的元素个数、最大值、最小值、元素之和以及平均值，并按从大到小的顺序将列表所有元素输出在一行上。

```
lst = []  #建立空列表
num = eval(input("请输入一个整数: "))              #输入整数赋给变量 num
while num != 0:                                    #循环输入数据加入列表，输入 0 则结束输入
    lst.append(num)
    num = eval(input("请输入一个整数: "))
lst.sort(reverse=True)                             #降序排列，按从大到小的顺序
print(f"元素个数为{len(lst)}，最大值为{max(lst)}，最小值为{min(lst)}，元素之和为
{sum(lst)}，平均值为{sum(lst) / len(lst)}")        #格式化输出
print("列表元素从大到小依次为: ", end=" ")
for i in lst:                                      #遍历列表元素，输出在一行上
```

< 95 >

```
    print(i, end=" ")
```

4. 有一个列表，其中包含 10 个元素，如 a=[1,2,3,4,5,6,7,8,9,0]，要求将列表中的每个元素一次向前移动一个位置，在第一个元素移到列表的最后时，输出这个列表，如输出为[2,3,4,5,6,7,8,9,0,1]。

```
a =[1,2,3,4,5,6,7,8,9,0]
b = a.pop(0)
a.append(b)
print(a)
```

5. 假设列表 lst_busstop=["金盆岭站","公用客车厂站","省红十字妇幼医院站","新开铺路口站","丁家垅站","浦沅南站","竹塘路站","铁道学院站"]存放了某公交线路途经的公交站名。请编写程序，根据用户输入的起点站和终点站，计算需要途经的站数并将计算结果输出。例如，当输入起点站为"省红十字妇幼医院站"，终点站为"浦沅南站"时，输出内容为"从省红十字妇幼医院站前往浦沅南站需要经过 3 站"；当输入起点站为"竹塘路站"，终点站为"公用客车厂站"时，输出"您需要乘坐反方向路线车"。

```
lst_busstop=["金盆岭站","公用客车厂站","省红十字妇幼医院站","新开铺路口站","丁家垅站",
"浦沅南站","竹塘路站","铁道学院站"]
startStop=input("请输入起点站: ")
endStop= input("请输入终点站: ")
startIndex=lst_busstop.index(startStop)
endIndex=lst_busstop.index(endStop)
if startIndex>endIndex:
    print("您需要乘坐反方向路线车。")
else:
    print("从{}站前往{}站需要经过{}站。".format(startStop,endStop,endIndex-startIndex))
```

6. 输入由空格分隔的 5 个非空字符串，每个字符串不包含空格、制表符、换行符等字符，长度小于 80。将 5 个字符串排序后输出。

```
print("After sorted:", *sorted(list(input("请输入内容: ").split())), sep="\n")
```

7. 编写程序，将列表 s=[7,9,8,3,2,1,6,5,4,10]中的偶数变成它的平方，奇数变成它的立方。

```
s=[7,9,8,3,2,1,6,5,4,10]
for i in range(len(s)):
    if s[i]%2==0:
      s[i]=s[i]**2
    else:
      s[i]=s[i]**3
print(s)
```

8. 求下列一个 3×3 矩阵主对角线元素之和。

$$\begin{bmatrix} 1 & 2 & 3 \\ 4 & 5 & 6 \\ 7 & 8 & 9 \end{bmatrix}$$

```
mat=[[1,2,3],
     [4,5,6],
     [7,8,9]
     ]
res=0
for i in range(len(mat)):
    res+=mat[i][i]
print(res)
```

9. 给定一个非空正整数的列表 list = [1,1,1,6,6,7,3,9]，根据列表内数字重复出现的次数，按从高到低，对列表元素进行排序。

```
list = [1,1,1,6,6,7,3,9]
a = {}
for i in list:
```

< 96 >

```
    if list.count(i)>0:
       a[i] = list.count(i)    #a[i]是字典 value 的值
print a
b = sorted(a.items(),key=lambda item:item[1])
b.reverse()
print b
```

10. 输出字符串"wdhihdidjwdki"中出现频率最高的字母。

```
#第一种方法
a = 'wdhihdidjwdki'
b = [(x,a.count(x)) for x in set(a)]
b.sort(key = lambda k:k[1],reverse=True)
print("出现频率最高的字母是{}，出现次数为{}".format(b[0][0],b[0][1]))
#第二种方法
a = 'wdhihdidjwdki'
c = {}
for y in a:
    if y in c:
        c[y]=c[y]+1
    else:
        c[y]=1
for i in c:
    b = sorted(c.items(),key=lambda item:item[1],reverse=True)
print("出现频率最高的字母是{}，出现次数为{}".format(b[0][0],b[0][1]))
```

11. 有字符串"k1:1|k2:2|k3:3|k4:4|k5:5"，将其处理成字典 {'k1':1,'k2':2,'k3':3,'k4':4,'k5':5}。

```
b = {}                          #定义一个空字典
for i in a.split('|'):          #用|分割字符串
   k,v = i.split(':')           #用:分割字符串，k,v 对应两边的值
   b[k]=int(v)                  #将键、值插入字典中
print(b)
```

12. 编写程序，输入两个分别包含若干整数的列表 lstA 和 lstB，输出一个字典，要求使用列表 lstA 中的元素作为键，使用列表 lstB 中的元素作为值，并且最终字典的元素数量取决于 lstA 和 lstB 中元素最少的列表的元素数量。

```
lstA =list(input('请输入第一个列表: '))
lstB =list(input('请输入第二个列表: '))
dic = dict(zip(lstA,lstB))
print(dic)
```

13. 假设已有列表 A=[('dog', 'type'),('black', 'color'),('cat', 'type'),('blue', 'color'),('green', 'color'),('pig', 'type')]，其中每个元素都是一个元组。元组中的第一个元素表示值，第二个元素表示标签。编写程序，将所有的颜色值从列表 A 中提取出来，存入列表 A_color，并将该列表输出。

```
A=[('dog','type'),('black', 'color'),('cat', 'type'),('blue','color'),('green',
'color'),('pig','type')]
A_color = list()
for i in range(0,len(A)):
    if str(A[i][1])=='color':
        A_color.append(A[i][0])
print(A_color)
```

14. 输入一系列用空格分隔的单词，删除所有重复的单词，按字母排序后输出这些单词。

```
s = input('请输入一组字符串: ')
words = [word for word in s.split(" ")]
print (" ".join(sorted(list(set(words)))))
```

15. 使用 jieba.lcut()对"Python 是一门有趣的编程语言"进行分词，输出结果。

```
import jieba
sentence = "Python 是一门有趣的编程语言"
```

< 97 >

```
words = jieba.lcut(sentence)
print(words)
```

16. 使用 jieba.lcut()对"全国计算机等级考试 Python 科目"进行分词,输出结果,并使"Python 科目"作为一个词出现在结果中。

```
import jieba
jieba.add_word("Python 科目")
sentence = "全国计算机等级考试 Python 科目"
words = jieba.lcut(sentence)
print(words)
```

17. 从键盘输入一段中文文本,不含标点符号和空格,采用 jieba 库对其进行分词,输出该文本中词语的平均长度,保留 1 位小数。例如,从键盘输入"吃葡萄不吐葡萄皮",输出为 1.6。

```
import jieba
s = input("请输入中文文本(不含标点符号和空格): ")
#使用 jieba 进行分词
words = jieba.lcut(s)
average_length = round(sum(len(word) for word in words) / len(words), 1)
print(average_length)
```

第 7 章　函数与图形绘制习题参考答案

一、简答题

1. 使用函数的优点是什么?(列举两点。)

(1)降低编程难度。

(2)代码重用。

2. 在 Python 中,进行函数定义时,形参和 return 语句必须存在吗?

形参可以没有;也可以没有 return 语句,此时函数不返回值。

3. 形式参数和实际参数的区别是什么?

(1)形式参数:在函数定义时声明的参数,用于接收调用函数时传递的实际数据,其简称形参。形参在声明时不占用内存,只有在函数被调用时才被分配存储单元,调用结束后立即释放。因此,形参只在函数内部有效。

(2)实际参数:在函数调用时,传递给形式参数的参数,称为实际参数,简称实参。实参可以是常量、变量、表达式或函数等。无论何种类型,在函数调用时,必须具有确定的值,以便把这些值传递给形参。

4. 根据变量的作用域,可将变量分为哪两种,它们有什么不同?

可分为全局变量和局部变量两种。

全局变量:从出现开始,一直到程序结束才消失,拥有全局作用域,通常在函数外部定义。

局部变量:只在某个局部的范围内生效,通常在函数内部定义。

不管是局部变量还是全局变量,其作用域都是从定义的位置开始的,在此之前无法访问。

5. 想要操作全局列表变量时,列表类型的参数需要加 global 关键字吗?为什么?

不需要。因为列表参数是可变类型,是可以修改的,函数对于这样的参数,实际传入的是对象的引用,也就是在函数中如果修改了这些对象,调用者中的原始对象也会受到影响。

二、编程题

1. 编写一个判断奇偶数的函数,从键盘输入一个整数,程序通过调用该函数,输出该数是奇数还是偶数的信息。

```
def isodd(n):
```

< 98 >

```
    if n % 2 == 1:
        return True
    else:
        return False
num=eval(input("请输入一个整数："))
if isodd(num)==True:
    print(num,"是奇数")
else:
    print(num,"是偶数")
```

2. 编写函数 fun()，它的功能是输出 200 以内能被 3 整除且个位数为 6 的所有整数，并返回这些数的个数。

```
def fun():
    c=0
    print("200 以内能被 3 整除且个位数为 6 的所有整数：")
    for i in range(201):
      if i % 3 == 0 and i%10==6:
        print(i,end=' ')
        c=c+1
    return c

num=fun()
print("一共有{}个数".format(num))
```

3. 编写函数计算$|a^3|$。从键盘输入一个整数，调用该函数并输出结果。

```
def fun(a):
    return abs(a**3)
num=eval(input("请输入一个整数："))
print(fun(num))
```

4. 编写函数，传入一个字符串，该函数拼接第一个和最后一个单词并返回。

```
def addword(s):
    s1 = s.split(' ')
    s2 = s1[0] + ' '+ s1[-1]
    return s2

str = "Experience is the mother of wisdom"
print(addword(str))
```

5. 编写函数，传入两个有序列表，该函数将它们合并成一个有序列表并返回。调用该函数并输出合并后的结果。

```
def orderedlist(lst1,lst2):
    lst = lst1 +lst2
    return sorted(lst)

a = [1,5,7,9]
b = [2,2,6,8]
print(orderedlist(a,b))
```

6. 编写一个函数，产生指定长度的数字随机密码。调用函数，以整数 8 为随机数种子、用户输入的整数 N 为长度，生成 3 个长度为 N 的密码，密码的每一位是一个数字。每个密码单独一行输出。

```
import random
def getpwd(length):
    a = 10**(length-1)
    b = 10**length - 1
    return "{}".format(random.randint(a, b))
length = eval(input("请输入一个整数："))
random.seed(8)
for i in range(3):
    print(getpwd(length))
```

< 99 >

7. 根据斐波那契数列的定义，$F(1)=1$，$F(2)=1$，$F(n)=F(n-1)+F(n-2)$ $(n>2)$，编写程序，输出不大于 100 的数列元素。

```
def fib(n):
    a,b = 1,1
    for x in range(1,n):
        a,b=b,a+b
    return a

i=1
while fib(i)<=100:
    print(fib(i),end=' ')
    i=i+1
```

8. 编写程序，找出 1～100 的所有孪生素数（若两个素数之差为 2，则这两个素数就是一对孪生素数）。

```
def prime(n):
    if n<2:
        return False
    for i in range(2,int(n**0.5)+1):
        if n%i==0:
            return False
    return True
def main():
    for i in range(1,100):
        if prime(i) and prime(i+2):
            print(i,i+2)

main()
```

9. 编写程序，用递归函数计算 1!+3!+5!+…+(2n-1)!。

```
def fact(n):
    return n*fact(n-1) if n>1 else 1

n=eval(input("请输入一个整数: "))
s=0
for i in range(1,n+1,2):
    s=s+fact(i)
print(s)
```

10. 编写程序，用递归函数求解问题。有 5 个人坐在一起，问第五个人多少岁，他说比第 4 个人大 2 岁。问第 4 个人岁数，他说比第 3 个人大 2 岁。问第三个人多少岁，他说比第 2 人大两岁。问第 2 个人多少岁，他说比第一个人大两岁。最后问第一个人，他说自己 10 岁。请问第五个人多大？

```
def age(n):
    if n==1:
        return 10
    return 2+age(n-1)
print(age(5))
```

11. 在画布中央绘制一个边长为 100 像素的绿色正方形。

```
def drawsquare():                #定义画正方形函数
    import turtle                #导入 turtle 库
    t = turtle.Turtle()
    t.penup()
    t.goto(-50,50)               #边长是 100 像素，因此起点（左上角顶点）的坐标为(-50,50)
    t.pendown()
    t.pensize(3)                 #设置画笔宽度为 3
    t.pencolor('green')          #设置画笔颜色为绿色
    t.speed(3)                   #画笔速度为 3
    for i in range(4):
```

< 100 >

```
        t.forward(100)          #向前画一条长为 100 像素的直线
        t.right(90)             #画笔向右旋转 90 度
drawsquare()
```

12. 绘制五角星,边长为 200 像素,宽度为 5 像素,填充为红色,边框为黄色,左下角坐标(-150,-120)处出现紫罗兰色 "Star" 字样。

```
import turtle

screen = turtle.Screen()
screen.setup(width=600, height=600)        #设置画布大小

t = turtle.Turtle()                        #创建一个 turtle 对象
#设置五角星的颜色和线条粗细
t.fillcolor("red")
t.pensize(5)
t.pencolor("yellow")
t.begin_fill()
for _ in range(5):
    t.forward(200)
    t.right(144)
t.end_fill()                               #绘制五角星

font = ("Arial", 24, "normal")
t.penup()
t.goto(-150, -120)                         #移动到左下角位置
t.color("violet")
t.write("Star", align="left", font=font)   #在左下角添加紫罗兰色 "Star" 字样

turtle.done()                              #完成绘图
```

13. 使用 plot()函数画图,绘制直线 $y=3x+2$ 的图形,x 轴坐标值为 0、1、2、3、4。

```
import matplotlib.pyplot as plt

x = [0, 1, 2, 3, 4]
y = [3 * xi + 2 for xi in x]

plt.plot(x, y, label='y = 3x + 2')

#添加标题和标签
plt.title('y = 3x + 2')
plt.xlabel('x')
plt.ylabel('y')

plt.legend()                               #显示图例
plt.show()                                 #显示图形
```

14. 使用 Matploitlib 模块绘制函数 $y=\tan(x)$、$y=\text{ctan}(x)$的图形

```
import numpy as np
import matplotlib.pyplot as plt

x = np.linspace(-2*np.pi, 2* np.pi, 100)   #设定 x 值的范围,从-2π 到 2π,包含 500 个点

y_tan = np.tan(x)
y_cot = 1 / np.tan(x)                       #计算 tan(x)和 ctan(x)的值

fig, (ax1, ax2) = plt.subplots(1, 2)       #设置子图的布局为 1 行 2 列
```

< 101 >

```
ax1.plot(x, y_tan, label='y = tan(x)')     #绘制函数 y=tan(x)的图形
ax1.set_title('y = tan(x)')
ax1.legend()

ax2.plot(x, y_cot, label='y = ctan(x)')    #绘制函数 y=ctan(x)的图形
ax2.set_title('y = ctan(x)')
ax2.legend()

plt.tight_layout()                   #自动调整子图参数，使之填充整个图形区域并避免重叠
plt.show()                           #显示图形
```

第 8 章　文件读写与数据处理习题参考答案

一、填空题

1. 文本　二进制

2. open()

3. read()　readline()　readlines()

4. write()　writelines()。

5. seek(0)

6. csv

7. xlwt　xlrd

8. Series　DataFrame

9. Requests

10. exists()

二、程序填空题

1. 已知文件 data.txt 存放了多个数，数与数之间以空格分隔，内容如下。

12　34　55　6　87　21

下面程序实现了文件数据的读取并求和，请补充完善代码。

```
with _open_ ('data.txt',_'r'_) as f:
    s=f.read()
list1=s._split_()
list2=_list(map_(eval,list1))
print(_sum_(list2))
```

2. 有以下网页的 HTML 代码，赋给字符串变量 html。

```
html='''
<div class="skInfo" style="display: block;">
    <div class="temp">
        <span class="tempNum" id="temp" n="101250101">7</span>
        <span class="tempDu">℃</span>
    </div>
    <div class="otherWeather">
        <span id="aqi">110</span><span id="aqis">轻度污染</span>
    </div>
    <div class="weatherRow" style="display: block;">
        <span>相对湿度</span> <span id="sd">99%</span>
    </div>
</div>'''
```

已导入 requests 和 bs4 库，根据要求填空。

```
import requests
```

< 102 >

```
from bs4 import BeautifulSoup
#提取温度 7℃，赋给字符串 s
soup=__BeautifulSoup__(html,'html.parser')
d1=soup.find('span',attrs={'class':'tempNum'}).text
d2=soup._find_('span',_attrs_={'class': 'tempDu'_}).text
s=d1+d2
#提取"轻度污染"aqis 和相对湿度"99%"sd
aqis= soup.find('span', attrs={'id': 'aqi'}) .text
sd= soup.find('span', attrs={'id': 'sd'}) .text
# 将变量 s、aqis、df 3 项数据添加到字典 dict1 中
dict1={'温度'为_s_,'空气质量'为_aqis_,'相对温度'为 sd}
```

3. 已有如下一张表格。

	A	B	C
a	1	3	5
b	9	11	13
c	2	4	6

按以下要求写代码。

```
# 导入 pandas 库
__import pandas__ as pd
# 仿照以上表格结构，首先创建一个字典 dic1，再根据字典创建一个 DataFrame 对象
dict1=__{'A': [1, 9, 2], 'B': [3, 11, 4], 'C': [5, 13, 6]}__
df=____pd.DataFrame(dict1, index=['a', 'b', 'c'])____
# 将 DataFrame 的 B 列数据按照降序排列
df1=df.__sort values(by='B', ascending=False)__
# 将排序后的 DataFrame 写入 test.csv 文件中。
df1.__to csv('test.csv')__
```

第 9 章 面向对象程序设计习题参考答案

一、填空题

1. 3
2. 将 c.eat()改为 c.eat
3. Foo.class_Foo()，a.static_Foo()（或 Foo.Static_Foo()）
4.
```
2 2 2
2 3 2
4 3 4
```
5. C

二、上机实践

1. 定义一个圆类，计算其面积和周长，运行结果保留 1 位小数。

```
import math
class Circle:
    def __init__(self,r):
        self.r = r
    def get_area(self):
        return math.pi *self.r * self.r
    def get_perimeter(self):
        return 2 * math.pi *self.r
radius = float(input("请输入圆的半径: "))
c = Circle(r = radius)
print("半径为{}的圆的面积是: {:.1f}".format(radius, c.get_area()))
```

< 103 >

```
print("半径为{}的圆的周长是: {:.1f}".format(radius, c.get_perimeter()))
```

2. 定义手机类，其属性有品牌、颜色、操作系统。定义方法打电话、看电视、听音乐。其中，看电视和听音乐为类的方法。

```
class Phone:
    def __init__(self, brand, color, os):
        self.brand= brand
        self.color = color
        Phone.os = os
    def call(self, name):
        print('我给{}打电话'.format(name))
    @classmethod
    def watchTV(cls):  #类方法
        print('我在看电视')
    @classmethod
    def music(self, music='草原'):
        print('我在听音乐，我听的歌曲是{}'.format(music))
```

3. 定义 Point 类，其具有 x 和 y 两个属性。定义 Line 类，其属性是两个 Point 类的对象，分别表示线段的两个端点；定义私有方法用来计算线段的长度。使用__str__(self)、定义对象的字符串表示形式。

```
import math
class Point:
    def __init__(self , x = 0 , y = 0):
        self.x = x
        self.y = y

    def __str__(self):
        return ('(' + str(self.x) + ',' + str(self.y) + ')')
class Line:
    def __init__(self, p1 = Point(), p2 = Point()):
        self.__p1 = p1;
        self.__p2 = p2;

    def __str__(self):
        return str(self.__p1) + str(self.__p2)
    def __distance(self):
        tx = math.pow(self.__p1.x,2) + math.pow(self.__p2.x,2)
        ty = math.pow(self.__p1.y,2) + math.pow(self.__p2.y,2)
        return math.sqrt(tx+ty)

    def length(self):
        print (self.__distance())
```

4. 定义 Person 类，其具有姓名和年龄属性，其中年龄为私有属性。为 Person 类提供带所有成员变量的构造器，提供访问和设置私有属性值的方法，提供方法输出所有属性的值。由 Person 类派生出 Worker 类，增加薪水属性，提供方法输出所有属性的值。

```
class Person:
    def __init__(self, name, age):
        self.name = name
        self.__age = age
    @property
    def age(self):
        return self.__age
    @age.setter
    def age(self, age):
        self.__age = age
    def show(self):
        print(self.name,self.__age)
```

< 104 >

```
class Worker(Person):
    def __init__(self,name,age,salary):
        super().__init__(name, age)
        self.salary = salary
    def show(self):
        super().show()
        print(self.salary)
```

5. 使用面向对象编程来描述一家游戏公司管理开发人员和测试人员的基本情况，设计四个类：

① 定义公司类 GameCompany，拥有属性：公司名称、地址、开发人员列表、测试人员列表；设计方法 recruit() 实现员工招聘；设计方法 assign() 实现项目分配；设计方法 overview() 用来输出当前公司中所有开发人员和测试人员的信息。

② 定义公司成员类 Employee，拥有属性：姓名、年龄、性别；定义空方法 show()，由子类重写，实现展示员工详细信息。

③ 定义开发人员类 Developer，继承自 Employee，增加属性：编程语言、岗位工资；重写 show() 方法，输出开发人员信息；设计方法 develop()，表示执行开发任务（如打印"某某正在使用某语言开发游戏模块"）。

④ 定义测试人员类 Tester，继承自 Employee，增加属性：测试工具、测试津贴；重写 show() 方法，输出测试人员信息；设计方法 test()，表示执行测试任务（如打印"某某正在使用某工具测试游戏性能"）。

题解：

```
class GameCompany:
    def __init__(self, name, addr):         # 构造函数，初始化公司
        self.name = name
        self.addr = addr
        self.developers = []
        self.testers = []

    def recruit(self, employee):            # 招聘员工
        if isinstance(employee, Developer):
            print("招聘 %s 为开发人员" % employee.name)
            self.developers.append(employee.name)
        elif isinstance(employee, Tester):
            print("招聘 %s 为测试人员" % employee.name)
            self.testers.append(employee.name)

    def assign(self):                       # 项目分配
        for dev in self.developers:
            print("分配开发任务给: %s" % dev)
        for tester in self.testers:
            print("分配测试任务给: %s" % tester)

    def overview(self):                     # 显示当前员工列表
        print("开发人员: ", self.developers)
        print("测试人员: ", self.testers)


class Employee:
    def __init__(self, name, age, gender):  # 基类成员
        self.name = name
        self.age = age
        self.gender = gender

    def show(self):
```

< 105 >

```
        pass  # 留给子类实现


    class Developer(Employee):
        def __init__(self, name, age, gender, language, salary):
            super().__init__(name, age, gender)
            self.language = language
            self.salary = salary

        def show(self):
            print('''----%s 信息----
            Name: %s
            Age: %s
            Gender: %s
            Language: %s
            Salary: %s''' % (self.name, self.name, self.age, self.gender, self.language,
self.salary))

            def develop(self):
                print("%s 正在使用 %s 进行开发" % (self.name, self.language))


    class Tester(Employee):
        def __init__(self, name, age, gender, tool, bonus):
            super().__init__(name, age, gender)
            self.tool = tool
            self.bonus = bonus

        def show(self):
            print('''----%s 信息----
            Name: %s
            Age: %s
            Gender: %s
            Tool: %s
            Bonus: %s''' % (self.name, self.name, self.age, self.gender, self.tool,
self.bonus))

            def test(self):
                print("%s 正在使用 %s 进行测试" % (self.name, self.tool))
```

第 10 章　程序异常处理习题参考答案

一、填空题

1.

```
异常信息
finally
end
```

2. Error：没有找到文件或写入文件失败

3. C

4. D

5. D

6. The number is larger than 10

二、上机实践

1. 输入若干个商品库存量，计算并输出平均库存。每次输入后判断是否合法整数，非法则提示"输

< 106 >

入格式错误"。每次录入后询问"继续?（yes/no）"，输入 yes 继续，no 则结束并输出平均值，其他输入提示"仅允许 yes 或 no"。

题解:

```
stocks = []
while True:
    x = input("请输入库存量: ")
    try:
        stocks.append(int(x))
    except:
        print("输入格式错误")
    while True:
        flag = input("继续?（yes/no): ").lower()
        if flag not in ('yes', 'no'):
            print("仅允许 yes 或 no")
        else:
            break
    if flag == 'no':
        break
print("平均库存为: ", sum(stocks) / len(stocks))
```

2. 设计函数 func(Mylist)，其中 Mylist 为列表。该函数用来返回 Mylist 中小于 100 的偶数，这些数组成一个列表。使用 assert 断言来返回结果和类型。

```
def func(Mylist):
    try:
        result = filter(lambda k: k<100 and k%2==0, Mylist)
    except Exception as err:
        return err
    else:
        return list(result)

Mylist = [102, 18, 33, 32, 54, 11, 58, 55, 33, 52,110, 86, 51]
assert type(func(Mylist)) == list
assert func(Mylist) == [18, 32, 54, 58, 52, 86]
```

3. 设计猜数字游戏，产生随机数，如果用户输入非整数，则抛出异常；如果输入的数字比随机数小，则输出"你输入的数字太小了!"；如果输入的数字比随机数大，则输出"你输入的数字太大了!"。

```
import random
flag = False
while(flag == False):
    try:
        result = random.randint(1,101)
        number = int(input('请输入一个数字: '))
        if number == result:
            print('开始!')
            flag = True
        elif number > result:
            print('你输入的数字太大了!')
        else:
            print('你输入的数字太小了!')
    except:
        print('请输入一个数字!')
```

4. 编写代码，定义函数，参数为半径，该函数用来计算圆的面积。自定义一个异常类，如果半径为负值，则抛出异常。

```
import math
def RadiusError(Exception):
```

< 107 >

```
    def __init__(self,info):
        self.info=info
    def show(self):
        print(self.info)
def Circle(r):
    if r<0:
        raise RadiusError('异常：半径为负值')
    else:
        print(math.pi*(r**2))
Circle(-1)
```

5. 从键盘输入 3 个整数，放入列表中，之后将其输出到屏幕上。如果输入数据不为整数，则抛出异常，显示"请输入整数"；如果输入数据不足 3 个，也抛出异常，显示"请输入至少 3 个整数"。

```
list_1=[]
for i in range(3):
    try:
        j=int(input('请输入一个整数：'))
    except:
        print('请输入整数！')
    else:
        list_1.append(j)
if len(list_1) != 3:
    raise Exception ('请输入 3 个整数！')
```

第 11 章　GUI 程序设计习题参考答案

一、选择题

1. C　2. C　3. A　4. B　5. C

二、填空题

1. messagebox
2. Text()
3. 顶级菜单、下拉菜单、弹出菜单
4. command(), bind()
5. get()

第 12 章　数据库程序设计习题参考答案

1. 简要描述数据库的定义。

数据库是按照数据结构来组织、存储和管理数据的仓库。

2. 简要说明数据库的类型和特征。

（1）数据库分为层次数据库、网状数据库和关系数据库。

（2）层次数据库查询速度最快。

（3）网状数据库建库灵活。

（4）关系数据库最简单，也是使用最广泛的数据库类型。

3. 简要说明关系数据库的基本组成。

（1）关系数据库中，一张二维表对应一个关系，表名即关系名。

（2）二维表中的一行称为一条记录（元组）。

（3）一列称为一个字段（属性），字段的取值范围称为值域。

< 108 >

（4）将一个字段名作为操作对象时，这个字段名称为关键字（key）。

（5）一个关系数据库可以由一个或多个表构成，一个表由多条记录构成，一条记录有多个字段。

4．在 D:/test 目录下，创建和连接 mytest.db 数据库，写出 SQLite 指令。

```
>>>from sqlite3 import dbapi2
>>>conn = dbapi2.connect('D:/test/mytest.db')
>>>conn.close()
```

5．在 MySQL 命令行下创建一个名称为"mydb"的数据库，并显示数据库。

```
mysql> CREATE DATABASES mydb ;
mysql> SHOW DATABASES ;
```

6．编程，实现 Python 与 MySQL 的连接。

```
import pymysql
conn= pymysql.connect(
    host = 'localhost',
    port = 3306,
    user = 'root',
    passwd = '123456',
    db = 'mysql',
    charset = 'utf8'
    )
cursor = conn.cursor()
cursor.execute ("SELECT VERSION()")
row = cursor.fetchone()
print("MySQL 服务器版本: ", row[0])
cursor.close()
conn.close()
```

7．在 MySQL 命令行下创建 MySQL 数据库。

```
mysql> SHOW DATABASES;
mysql> CREATE DATABASES testdb;
mysql> QUIT
```

8．编程，创建一个 Python 与 MySQL 的连接程序。

```
import pymysql
conn=pymysql.connect("localhost","root","123456","testdb")
cursor = conn.cursor()
print(conn)
print(cursor)
cursor.close()
conn.close()
```

9．编程，实现 MySQL 数据表的创建。

```
import pymysql
conn = pymysql.connect("localhost", "root",
    "123456", "testdb")
cur = conn.cursor()
cur.execute("""
    CREATE TABLE IF NOT EXISTS test1(
    userid int(5) PRIMARY KEY,
    name char(15))
""")
cur.execute("INSERT INTO test1(userid, name)\
    VALUES(1, '宋江')")
cur.execute("INSERT INTO test1(userid, name)\
    VALUES(2, '吴用')")
cur.execute("INSERT INTO test1(userid, name)\
    VALUES(3, '林冲')")
conn.commit()
cur.close()
conn.close()
```

< 109 >

10. 编程，通过 execute()方法，向 MySQL 数据表中插入多条数据。

```
import pymysql
conn = pymysql.connect("localhost","root","123456","testdb")
cur = conn.cursor()
sql = "CREATE TABLE test2(userid int, name varchar(10), age int)"
cur.execute(sql)
sql2 = """INSERT INTO test2 values\
    (1,"宋江",48), (2,"林冲",36), (3,"李逵",30)"""
cur.execute(sql2)
conn.commit()
cur.close()
conn.close()
```

11. 编程，使用 SELECT 语句查询 MySQL 数据表，遍历并输出数据表。

```
import pymysql
conn = pymysql.connect("localhost","root","123456","testdb")
cur = conn.cursor()
cur.execute("SELECT * FROM test1")
rows = cur.fetchall()
for row in rows:
    print(row)
```

< 110 >

## 第三部分

实验内容参考答案

第 1 章　Python 概述实验内容参考答案

1. 使用"cmd"命令打开命令行窗口，在命令行窗口中输入"python"，按回车键启动 Python 解释器，在提示符后输入代码，运行结果如答图 1-1 所示。

```
D:\myPython>python
Python 3.12.6 (tags/v3.12.6:a4a2d2b, Sep  6 2024, 20:11:23) [MSC v.1940 64 bit
(AMD64)] on win32
Type "help", "copyright", "credits" or "license" for more information.
>>> print("Python语言能够帮助我们提高工作效率！")
Python语言能够帮助我们提高工作效率！
>>> high = 8
>>> width =15
>>> print('矩形面积 = ', width * high)
矩形面积 =  120
```

答图 1-1

2. 在"开始"菜单中选择"IDLE(Python 3.12 64-bit)"，打开 Shell 窗口，在其中输入代码，运行结果如答图 1-2 所示。

```
IDLE Shell 3.12.6                                           —    □    ×
File  Edit  Shell  Debug  Options  Window  Help
Python 3.12.6 (tags/v3.12.6:a4a2d2b, Sep  6 2024, 20:11:23) [MSC v.1940 64 bit (
AMD64)] on win32
Type "help", "copyright", "credits" or "license()" for more information.
>>> yy = 2000
>>> mm = 8
>>> dd = 18
>>> print('我的生日是', yy, '年', mm, '月', dd, '日')
我的生日是 2000 年 8 月 18 日
>>> days = 31 + 29 + 31 + 30 + 31 + 30 + 30 + 18
>>> print( yy, '年', mm, '月', dd, '日是', yy, '年的第', days, '天。')
2000 年 8 月 18 日是 2000 年的第 230 天。
>>>
                                                            Ln: 11 Col: 0
```

答图 1-2

3. 在 Shell 窗口中输入以下代码，运行结果也如下所示。

```
>>> x = 15
>>> y = 51
>>> x = x + y
>>> y = x - y
>>> x = x - y
>>> print('x = ', x)
x =  51
>>> print('y =', y)
y =  15
```

4. 在 Shell 窗口中输入以下代码，运行结果也如下所示。

```
>>>g = 9.8
>>>t = 4
>>>x = 1/2*g*t*t
>>>print("小铁球在", t, "s后下落的距离为", x, "m。")
小铁球在 4 s 后下落的距离为 78.4 m。
```

< 112 >

第2章 数据类型与常用内置对象实验内容参考答案

1. 启动 Python IDLE，所输入的代码及运行结果如下。

```
>>> a=6
>>> b=8
>>> a*b+pow(b,a)
262192
>>> import math
>>> pow(abs(a*b*math.log(a)-math.factorial(5)),1/3)
3.239470315440451
>>> a*math.sin(math.pi*30/180)+b*math.cos(math.pi*90/180)-pow(b,1/a)
1.585786437626905
>>> a<b and (a+b)<a*b
True
>>> (a is b) or (a==6)
True
>>> list(range(1,11))
[1, 2, 3, 4, 5, 6, 7, 8, 9, 10]
>>> sum(range(1,11))
55
>>> len(['ab','cde'])
2
```

2. 启动 Python IDLE，所输入的代码及运行结果如下。

```
>>> a=98.865
>>> b=5
>>> a/b
19.773
>>> a%b
3.864999999999995
```

3. 启动 Python IDLE，输入以下代码。

```
>>> import turtle as t
>>> import random
>>> r1=random.randint(50,100)
>>> r2=random.randint(50,100)
>>> t.pencolor('red')
>>> t.up()
>>> t.reset()
>>> t.up()
>>> t.goto(0,-r1)
>>> t.down()
>>> t.circle(r1)
>>> t.up()
>>> t.goto(0,-r2)
>>> t.down()
>>> t.circle(r2)
```

4. 启动 Python IDLE，所输入代码及运行结果如下。

```
>>> import time
>>> time.ctime()
'Wed Mar  3 17:03:37 2021'
>>> time.strftime("%Y-%m-%d %a %H:%M:%S",time.localtime())
'2021-03-03 Wed 17:03:37'
```

5. 启动 Python IDLE，输入以下代码。

```
>>> import random
>>> round(random.uniform(1,100),2)
>>> random.randrange(1,100)
```

< 113 >

第 3 章　数据输入输出实验内容参考答案

1. 代码如下。

```
import math
r=eval(input("请输入圆的半径: "))
l=2*math.pi*r
s=math.pi*r**2
print("圆的周长为: %.2f"%l)
print("圆的面积为: %.2f"%s)
```

2. 代码如下。

```
n=eval(input("请输入一个 3 位正整数: "))
a=n//100
b=(n-a*100)//10
c=n%10
s=a+b+c
print("个位、十位、百位上数字之和为: ",s)
```

3. 代码如下。

```
f=eval(input("请输入华氏温度: "))
c=(f-32)/1.8
print("等于%.1f 摄氏度"%c)
```

4. 代码如下。

```
b=eval(input("请输入本金(元): "))
r=eval(input("请输入年利率(%): "))
n=eval(input("请输入年份(正整数): "))
v=b*(1+r*0.01)**n
print("本金{}元, 年利率{}%, {}年后, 合计得{:.2f}元".format(b,r,n,v))
```

5. 代码如下。

```
print('{:>9}'.format('*'))
print('{:>9}'.format('***'))
print('{:>9}'.format('*****'))
print('{:>9}'.format('*******'))
print('{:>9}'.format('*********'))
print('{:>9}'.format('*'))
print('{:>9}'.format('*'))
print('{:>9}'.format('*'))
print('{:>9}'.format('*'))
print('{:>9}'.format('*'))
```

6. 代码如下。

```
print("{:^8}{:^8}".format("姓名","成绩"))
print("{:^8}{:^8}".format("张宇航","93"))
print("{:^8}{:^8}".format("吴雨晴","90"))
print("{:^8}{:^8}".format("谢可欣","73"))
print("{:^8}{:^8}".format("杨思晨","98"))
print("{:^8}{:^8}".format("何千程","87"))
print("{:^8}{:^8}".format("黄艳玲","88"))
```

第 4 章　选择结构实验内容参考答案

1. 代码如下。

```
w=eval(input("请输入您的体重(kg): "))
```

< 114 >

```
h=eval(input("请输入您的身高(m): "))
b=w/h**2
if b<18.5:
        print("偏瘦")
if b>=18.5 and b<25:
        print("正常")
if b>=25 and b<28:
        print("偏胖")
if b>=28 and b<32:
        print("肥胖")
if b>=32:
        print("严重肥胖")
```

2. 代码如下。

```
n=eval(input("请输入一个正整数: "))
if n%2==0:
        print(n,"是偶数!")
else:
        print(n,"是奇数! ")
```

3. 代码如下。

```
import math
a=eval(input("请输入一元二次方程的系数a: "))
b=eval(input("请输入一元二次方程的系数b: "))
c=eval(input("请输入一元二次方程的系数c: "))
d=b*b-4*a*c
if d>0:
        x1=(-b+math.sqrt(d))/(2*a)
        x2=(-b-math.sqrt(d))/(2*a)
        print("方程有两个不同的实根: {:.2f}、{:.2f}".format(x1,x2))
elif d==0:
        x=-b/(2*a)
        print("方程有一个实根: {:.2f}".format(x))
else:
        print("方程无实根")
```

4. 代码如下。

```
import math
a=eval(input("请输入实数a: "))
b=eval(input("请输入实数b: "))
c=eval(input("请输入实数c: "))
if a>0 and b>0 and c>0:
        if a+b>c and b+c>a and a+c>b:
                h=(a+b+c)/2
                s=math.sqrt(h*(h-a)*(h-b)*(h-c))
                print("三角形的面积为: {:.2f}".format(s))
        else:
                print("{}、{}、{}不能构成三角形的3条边长! ".format(a,b,c))
else:
        print("有负数, 不能构成三角形的3条边长! ")
```

5. 代码如下。

```
a=eval(input("请输入第1个数: "))
b=eval(input("请输入第2个数: "))
c=eval(input("请输入第3个数: "))
max=a
```

< 115 >

```
if max<b:
        max=b
if max<c:
        max=c
print("最大数为: ",max)
```

第5章　循环结构实验内容参考答案

1. 代码如下。

```
s1=0
s2=0
for n in range(1,101):
        s1=s1+n
        s2=s2+n*n
print("s1=",s1,"s2=",s2)
```

2. 代码如下。

```
import random
x=random.randint(100,200)
print("系统随机生成了100～200的整数，来猜猜吧! ")
flag=True
while flag==True:
        y=eval(input("输入你心中的数: "))
        if (x==y):
                print("恭喜你! ")
                break
        elif x<y:
                print("太大了! ")
        else:
                print("太小了! ")
        i=input("你还想继续玩游戏吗?（继续: 按回车键。退出: 输入n）")
        if i=="n":
                flag=False
        if i=="\n":
                flag=True
        else:
        print("再见! 欢迎下次再玩! ")
```

3. 代码如下。

```
num=0
for n in range(1,99,2):
        for i in range(2,n):
            if (n%i==0):
            break
            else:
                print("%2d"%n,end="\t")
                num=num+1
                if num%5==0: print()
print("\nnum=%d"%num)
```

4. 代码如下。

```
import turtle as t
t.pensize(2)
t.pencolor("red")
for i in range(1,5):
        t.circle(100,180)
        t.left(90)
```

5. 代码如下。

```
i=0
```

< 116 >

```
print("ASCII 码值与字符对照表")
for n in range(33,128):
        i=i+1
        print(n,chr(n),"\t",end=" ")
        if i%10==0:    print()
```

6. 代码如下。

```
n=9
x1=1
while(n>1):
        x2=2*x1+2
        x1=x2
        n=n-1
print(x2)
```

第 6 章　字符串实验内容参考答案

1. 代码如下。

```
a =input('请输入一行字符：')
li = a.split()
b = len(li)
print ('There are {} words in the line' .format( b))
```

2. 代码如下。

```
str = input("请输入一个字符串：")
if str[-3:] == ".py":                         #判断后 3 个字符是否为 ".py"
    print(True)
else:
    print(False)
```

3. 代码如下。

```
s = input("请输入一个字符串：")
list = [i for i in s]
list.sort()
count = 0
a = list[0]
for item in list:
    if item == a:
        count += 1
    else:
        print(a,":",count)
        count = 1
        a = item
print(a,":",count)
```

4. 代码如下。

```
import string
text = input()
text = text.strip()
text = text.translate(str.maketrans('', '', string.punctuation.replace('.', '')))
text = text.lower()
text = ' '.join(text.split())
print(text)
```

5. 代码如下。

```
text = input()
punctuations = "!\"#$%&'()*+,-./:;<=>?@[\\]^_`{|}~"
for char in punctuations:
    text = text.replace(char, "")
text = " ".join(text.split())
```

< 117 >

```
words = text.split()
reversed_words = []
for word in words:
    reversed_words.append(word[::-1])
result = " ".join(reversed_words)
print(result)
```

6. 代码如下。

```
text = input()
punctuations = "!\"#$%&'()*+,-./:;<=>?@[\\]^_`{|}~"
for char in punctuations:
    text = text.replace(char, "")
words = text.split()
replace_count = 0
for i in range(len(words)):
    if words[i] == "you":
        words[i] = "we"
        replace_count += 1
    elif words[i] == "me":
        words[i] = "us"
        replace_count += 1
result = " ".join(words)
print(result)
print("替换次数: ", replace_count)
```

7. 代码如下。

```
text = input()
punctuations = "!\"#$%&'()*+,-./:;<=>?@[\\]^_`{|}~"
for char in punctuations:
    text = text.replace(char, "")
text = text.lower()
words = text.split()
repeated_words = []
for word in words:
    if words.count(word) > 1 and word not in repeated_words:
        repeated_words.append(word)
print( repeated_words)
print("重复单词的数量为", len(repeated_words))
```

第 7 章　组合数据类型实验内容参考答案

1. 代码如下。

```
a, b, c = eval(input())
ls = []
for i in range(c):
    ls.append(a+b*i)
print(ls,len(ls),sum(ls),sum(ls)/len(ls))
```

2. 代码如下。

```
import random
x=[random.randint(1,100) for i in range(10)]
print("生成的随机数为: {0}".format(x))
y=x[0:5]
y.sort()
x[0:5]=y
y=x[5:10]
y.sort(reverse=True)
x[5:10]=y
print("排序后的列表为: {0}".format(x))
```

< 118 >

3. 代码如下。

```
print("          长歌行")
verse = ("青青园中葵","朝露待日晞","阳春布德泽","万物生光辉","常恐秋节至","焜黄华叶衰","
百川东到海","何时复西归","少壮不努力","老大徒伤悲")
for index,item in enumerate(verse):
    if index%2 == 0:                          # 判断是否为偶数，为偶数时不换行
        print(item+", ", end='')
else:
if item == "何时复西归":
print(item + "? ")   # 特殊处理问号
else:
        print(item+"。")                      # 以句号结束，换行输出
```

4. 代码如下。

```
data = input()    #输入课程名称、成绩
d={}
while data:
    t=data.split()
    d[t[0]]=t[1]
    data = input()
ls=list(d.items())
ls.sort(key=lambda x:x[1],reverse=True)
s1,g1=ls[0]
s2,g2=ls[len(ls)-1]
a=0
for i in d.values():
  a=a+int(i)
a=a/len(ls)
print("最高分课程是{} {}，最低分课程是{} {}，平均分是{:.2f}".format(s1,g1,s2,g2,a))
```

5. 代码如下。

```
lst1 = eval(input())
lst2 = list(set(lst1))
lst2.sort(key = lst1.index)
print(*lst2)
```

6. 代码如下。

```
n=eval(input())
timelist = list(map(int,input().split()))
timedict={}
for i in range(0,n):
    if timelist[i] not in timedict:
        timedict[timelist[i]]=1
    else:
        timedict[timelist[i]]+=1
for i in sorted(timedict.keys()):
    print("{}:{}".format(i,timedict[i]))
```

7. 代码如下。

```
d=list(input())
dco={}
for i in d:
    dco[i]=d.count(i)
print(dco)
```

8. 代码如下。

```
studs= [{'sid':'103','Chinese': 90,'Math':95,'English':92},{'sid':'101','Chinese':
80,'Math':85,'English':82},{'sid':'102','Chinese': 70,'Math':75,'English':72}]
scores = {}
for stud in studs:
    sv = stud.items()
```

< 119 >

```
        v = []
        for it in sv:
            if it[0] =='sid':
                k = it[1]
            else:
                v.append(it[1])
        scores[k] = v
# print(scores)
so = list(scores.items())
so.sort(key = lambda x:x[0],reverse = False)
for l in so:
    print('{}:{}'.format(l[0],l[1]))
```

第 8 章　函数实验内容参考答案

1. 代码如下。
```
def gygbs(m,n):
  p=m*n
  while m%n!=0:
    m,n=n,m%n
  return (n,p//n)

num1,num2=eval(input("请输入两个整数，以逗号分隔："))
gy,gb=gygbs(num1,num2)
print("最大公约数为{}，最小公倍数为{}" .format(gy,gb))   #输出
```

2. 代码如下。
```
def wanshu(number):
    factor=[]
    for i in range(1,number):
        if number % i ==0:
            factor.append(i)
    if sum(factor)==number:
        return True
    else:
        return False
for i in range(2,10001):
  if wanshu(i)==True:
    print(i,end=" ")
```

3. 代码如下。
```
def longestW(s):
  lst=list(s.split())
  lst.sort(key=len,reverse=True)
  return lst[0]
str="i love china very much!"
print(longestW(str))
```

4. 代码如下。
```
def yanghui(n):
    print ([1])
    line=[1,1]
    print (line)
    for i in range(2,n):
      r=[]
      for j in range(0,len(line)-1):
          r.append(line[j]+line[j+1])
      line=[1]+r+[1]
      print(line)

yanghui(10)
```

< 120 >

5. 代码如下。

```
def fib1(n):
    a,b = 1,1
    for x in range(1,n):
        a,b=b,a+b
    return a

def fib2(n):
    if n == 1:                          #递归终止条件
        return 1
    elif n == 2:                        #递归终止条件
        return 1
    else:
        return fib2(n - 1) + fib2(n - 2)    #递归形式

num=int(input("请输入一个整数: "))
print("非递归实现斐那契数列, 第{}项为: {}".format(num,fib1(num)))
print("递归实现斐那契数列, 第{}项为: {}".format(num,fib2(num)))
```

6. 代码如下。

```
def draw(num):
    a="*"*(2*(4-num)+1)
    print(a.center(9,' '))
    if num!=1:
        draw(num-1)
        print(a.center(9,' '))
draw(4)
```

7. 代码如下。

```
def reverse_dict(dic):
    out = {}
    for k,v in dic.items():
        out[v] = k
    keys = sorted(out.keys(),reverse = True)

    for k in keys:
        print(k,out[k])
    return out
dic = eval(input("请输入一个字典: "))
reverse_dict(dic)
```

8. 代码如下。

```
def numlist():
    num= []
    for i in range(1,27):
        num.append(i)
    return num
def charlist():
    char = []
    for i in range(26):
        char.append(chr(ord('A')+i))
    return char
dictionary = dict(zip(numlist(),charlist()))
print(dictionary)
print("键值为偶数的元素为: ")
for key in dictionary:
    if key%2 ==0:
        print(dictionary[key],end=' ')
```

< 121 >

第 9 章　文件实验内容参考答案

1. 代码如下。

```
#sjsy1.py
f1=open("file1.txt","r")
str= str(f1.readlines())

print(str)
res={} #用一个字典来存放结果
for i in str:
    if i in res:        #若字符已出现过，则统计数量加1
        res[i]+=1
    else:               #若字符第一次出现
        res[i]=1
print(res)
```

2. 代码如下。

```
#sjsy2.py
file1=open("a.txt","r")
file2=open("b.txt","w")
f1= file1.readlines()
file2.writelines(f1)
file1.close()
file2.close()
```

3. （1）加载 jieba 库，如答图 9-1 所示。

答图 9-1

（2）本实验代码如下。

```
#sjsy3_1.py
import jieba
txt = open("三国演义.txt","r",encoding= 'utf-8').read()
words = jieba. lcut(txt)
counts = { }
```

< 122 >

```
for word in words:
    if len(word) == 1: #排除单个字符的分词结果
        continue
    else:
        counts[word] = counts.get(word,0) + 1
items = list(counts. items ())
items . sort(key=lambda x:x[1] ,reverse= True)
for i in range(45) :
    word,count = items[i]
print("{0:<10}{1:>5}" . format(word, count))

#sjsy3_2.py
import jieba
excludes = ("将军","却说","荆州","二人","不可","不能","如此","商议","如何","主公","军
士","左右","军马","引兵","次日","大喜","天下","于是","东吴","今日","不敢","魏兵","陛下",
"人马","不知","都督","一人","汉中","众将","后主")
txt = open("三国演义.txt","r",encoding='utf-8').read()
words= jieba. lcut(txt)
counts = {}
for word in words :
    if len(word) == 1:
        continue
    elif word == "诸葛亮" or word =="孔明曰":
        rword = "孔明"
    elif word =="关公" or word == "云长":
        rword = "关羽"
    elif word =="玄德" or word == "玄德曰" or word=="刘备":
        rword = "刘备"
    elif word == "孟德" or word == "丞相":
        rword = "曹操"
    else:
        rword = word
    counts[rword] = counts.get (rword,0) + 1
for word in excludes :
    del(counts[word])
items = list(counts. items())
items.sort(key=lambda x:x[1], reverse=True)
for i in range(10) :
    word, count = items[i]
print("{0:<10} {1:>5}". format(word, count))
```

第 10 章　面向对象编程实验内容参考答案

1. 代码如下。

```
class Rectangle(object):
    def __init__(self, longth, width):
        self.width = width
        self.longth = longth
    def get_area(self):
        return self.width * self.longth
    def get_cal(self):
        return (self.width + self.longth) * 2
width = float(input("请输入矩形的宽: "))
longth = float(input("请输入矩形的长: "))
r = Rectangle(longth, width)
```

< 123 >

```
print("长为{}、宽为{}的矩形的面积是: {}".format(longh, width, r.get_area()))
print("长为{}、宽为{}的矩形的周长是: {}".format(longh, width, r.get_cal()))
```

运行结果如下。

```
请输入矩形的宽: 2
请输入矩形的长: 3
长为 3.0、宽为 2.0 的矩形的面积是: 6.0
长为 3.0、宽为 2.0 的矩形的周长是: 10.0
```

2. 代码如下。

```
class Student:
    def __init__(self, name, math, Chinese, English):
        self.math = math
        self.Chinese = Chinese
        self.English = English
        self.name = name

    def scoring(self,score):
        if score >100 or score <0:
            print('成绩有误')
        elif score >= 90:
            return "A"
        elif score >= 80:
            return "B"
        elif score >= 70:
            return "C"
        elif score >= 60:
            return "D"
        else:
            print("E")

    def display(self): #定义一个方法, 其返回学生信息
        return "学生姓名为" + self.name +", 数学成绩等级为"+ self.scoring(self.math)+\
            ", 语文成绩等级为"+ self.scoring(self.chinese) +\
            ", 英语成绩等级为"+ self.scoring(self.english)


team = []
count = 2   #学生人数
j=1;
while j<=count:
    #接收参数
    name = input("请输入学生名字: ".format(j))
    math = float(input("请输入第{}个学生的数学成绩: ".format(j)))
    Chinese = float(input("请输入第{}个学生的语文成绩: ".format(j)))
    English = float(input("请输入第{}个学生的英语成绩: ".format(j)))
    #构建对象
    s = Student(name = name, math = math, Chinese= Chinese, English = English)
    team.append(s)
    j=j+1
for i in team:
print(i.display())
```

运行结果如下。

```
请输入学生名字: xiao
请输入第 1 个学生的数学成绩: 90
请输入第 1 个学生的语文成绩: 90
请输入第 1 个学生的英语成绩: 90
```

< 124 >

请输入学生名字：daf
请输入第 2 个学生的数学成绩：80
请输入第 2 个学生的语文成绩：80
请输入第 2 个学生的英语成绩：80
学生姓名为 xiao，数学成绩等级为 A，语文成绩等级为 A，英语成绩等级为 A
学生姓名为 daf，数学成绩等级为 B，语文成绩等级为 B，英语成绩等级为 B

3. 代码如下。

```
class Person(object):
    def __init__(self, name, age):
        self.name = name
        self.age = age
    def talk(self):
        print("person is talking....")
class ChPerson(Person):
    def __init__(self, name, age):
        Person.__init__(self, name, age)
        self.language = "Chinese"
        print(self.name, self.age, self.language)
    def talk(self):  #子类重写方法
        print('%s is speaking %s' %(self.name, self.language))
    def eat(self):
        print('is eating with chopsticks')
c = ChPerson('Lili', 22)
c.talk()
c.eat()
```

运行结果如下。

```
Lili 22 Chinese
Lili is speaking Chinese
is eating with chopsticks
```

4. 代码如下。

```
class Vector:
    def __init__(self, a, b):
        self.a = a
        self.b = b
    def __str__(self):
        return 'Vector (%d, %d)' % (self.a, self.b)
    def __add__(self, other):
        return Vector(self.a + other.a, self.b + other.b)
    def __sub__(self, other):
        return Vector(self.a -other.a, self.b - other.b)
v1 = Vector(2, 8)
v2 = Vector(6, -2)
print(v1+v2)
print(v1-v2)
```

运行结果如下。

```
Vector (8, 6)
Vector (-4, 10)
```

5. 代码如下。

```
class Vehicle:
    def __init__(self,name):
        self.name=name
    def run(self):
        print('交通工具'+self.name+'正在行驶')
class Truck(Vehicle):
    def __init__(self,name,weight):
        super().__init__(name)
        self.weight=weight
```

< 125 >

```
    def run(self):
        print('货车'+self.name+', 载重'+str(self.weight)+'t, 正在行驶')
class Train(Vehicle):
    def __init__(self,name,num):
        super().__init__(name)
        self.num=num
    def run(self):
        print('火车'+self.name+', 车厢数为'+str(self.num)+', 正在行驶')
t=Truck('东风牌',15)
t.run()
T=Train('和谐号',12)
T.run()
```

运行结果如下

货车东风牌，载重 15t，正在行驶

火车和谐号，车厢数为 12，正在行驶

6. 代码如下。

```
class Vehicle:
    def __init__(self,name):
        self.name=name
    def run(self):
        print('交通工具'+self.name+'正在行驶')
class Truck(Vehicle):
    def __init__(self,name,weight):
        super().__init__(name)
        self.weight=weight
    def run(self):
        print('货车'+self.name+', 载重'+str(self.weight)+'t, 正在行驶')
class Train(Vehicle):
    def __init__(self,name,num):
        super().__init__(name)
        self.num=num
    def run(self):
        print('火车'+self.name+', 车厢数为'+str(self.num)+', 正在行驶')
t=Vehicle("交通工具")
t=Truck('东风牌',15)
t.run()
t=Train('和谐号',55)
t.run()
```

运行结果如下。

货车东风牌，载重 15t，正在行驶

火车和谐号，车厢数为 55，正在行驶

第 11 章　程序异常处理实验内容参考答案

1. 代码如下。

```
class MyError(Exception):                    #自定义 MyError 异常类
    def __init__(self,score):
        self.score=score
    def __str__(self):
        return repr(self.score)
try:
    score=int(input("请输入成绩: "))         #抛出一个异常
    if score>100:
        raise MyError("成绩不能大于100分")
```

< 126 >

```
except MyError as e:              #异常处理
    print(e)
```

运行结果如下。

```
请输入成绩: 102
成绩不能大于100分
```

2. 代码如下。

```
def func(Mylist):
    try:
        result = filter(lambda k: k<100 and k%2==0, Mylist)
    except Exception as err:
        return err
    else:
        return list(result)

Mylist = [102, 18, 33, 32, 54, 11, 58, 55, 33, 52,110, 86, 51]
assert type(func(Mylist)) == list
assert func(Mylist) == [18, 32, 54, 58, 52, 86]
```

运行结果如下。

```
[18,32,54,58,52,86]
```

3. 代码如下。

```
file_path = input("请输入文件路径: ")

try:
    with open(file_path, 'r', encoding='utf-8') as file:
        line_count = 0
        for line in file:
            line_count += 1
    print(f"文件总行数为: {line_count}")
except FileNotFoundError:
    print("文件无法读取: 文件不存在")
except PermissionError:
    print("文件无法读取: 没有访问权限")
except Exception as e:
    print(f"文件无法读取: {str(e)}")
```

运行结果如下。

（1）文件存在（test.txt 有 3 行）

```
请输入文件路径: test.txt
文件总行数为: 3
```

（2）文件不存在

```
请输入文件路径: abc.txt
文件无法读取: 文件不存在
```

（3）没有访问权限

```
请输入文件路径: C:\System Volume Information
文件无法读取: 没有访问权限
```

4. 代码如下。

```
class InvalidDiscountError(Exception):
    """自定义异常: 用于表示无效的折扣参数"""
    pass

def apply_discount(price, discount):
    if price <= 0:
        raise InvalidDiscountError("价格必须为正数。")
    if discount < 0 or discount > 1:
```

< 127 >

```
        raise InvalidDiscountError("折扣率必须在 0 到 1 之间。")

    return price * (1 - discount)
```

运行结果如下。

（1）合法输入

原价 100，折扣 0.2 → 折后价：80.0

原价 50，折扣 1 → 折后价：0.0

（2）折扣率非法（负数），发生异常

折扣率必须在 0 到 1 之间。

（3）价格非法（≤0），发生异常

价格必须为正数。

5. 代码如下。

```
class InvalidPhoneNumberError(Exception):
    """自定义异常：手机号格式错误"""
    pass

phone = input("请输入手机号: ")

try:
    if len(phone) != 11 or not phone.isdigit():
        raise InvalidPhoneNumberError("手机号格式不符合要求")
    print("手机号注册成功! ")
except InvalidPhoneNumberError as e:
    print(e)
```

运行结果如下。

（1）输入正确手机号

请输入手机号: 13812345678

手机号注册成功!

（2）位数不足

请输入手机号: 1381234

手机号格式不符合要求

（3）包含非数字字符

请输入手机号: 13812abc678

手机号格式不符合要求

（4）位数超过 11 位

请输入手机号: 138123456789

手机号格式不符合要求

第 12 章　数据库技术实验内容参考答案

1. 代码如下。

```
#修改数据
def alterdb():
    print("----------欢迎使用数据库修改数据功能----------")
    alterchoice=input("请输入要修改数据的学生学号: ")
    hel=opendb()
    person=into()
    hel[1].execute("""update tongxinlu set usernum=?,username=?,password=?,
address=?,telnum=? \
```

< 128 >

```
person[4]))
        hel[1].commit()
        showalldb()
        hel[1].close()
        print("----------恭喜你数据修改成功----------")


    #查询数据
    def searchdb():
        choice=input("请输入要查询的学生学号: ")
        hel=opendb()
        cur=hel[1].execute("select * from tongxinlu where usernum="+choice)
        hel[1].commit()
        print("----------查询数据显示如下----------")
        for row in cur:
            print(row[0],row[1],row[2],row[3],row[4])
        cur.close()
    hel[1].close()
```

2. 代码如下。

```
#向数据库添加数据
def adddb():
    welcome="""--------欢迎使用数据库添加数据功能----------"""
    print(welcome)
    person=into()
    hel=opendb()
    hel[1].execute("""insert into tongxinlu(usernum,username,
                password,address,telnum)values(?,?,?,?,?)""",
    (person[0],person[1],person[2],person[3],person[4]))
    hel[1].commit()
    print("-----------恭喜你提交数据成功-----------")
    showalldb()
    hel[1].close()
#删除数据库中的数据
def deldb():
    welcome="""--------欢迎使用数据库删除数据功能----------"""
    print(welcome)
    delchoice=input("请输入要删除的学生学号: ")
    hel=opendb()
    hel[1].execute("delete from tongxinlu where usernum="+delchoice)
    hel[1].commit()
    print("-----------数据删除成功-----------")
    showalldb()
    hel[1].close()
```

< 129 >

参考文献

[1] 蒋加伏，朱前飞. Python 程序设计[M]. 北京：北京邮电大学出版社，2019.

[2] 蒋加伏. Python 程序设计实验指导[M]. 北京：北京邮电大学出版社，2019.

[3] 江红，余青山. Python 程序设计与算法基础教程[M]. 北京：清华大学出版社，2017.

[4] 董付国. Python 程序设计基础[M]. 2 版. 北京：清华大学出版社，2015.

[5] 嵩天，礼欣，黄天羽. Python 语言程序设计基础[M]. 2 版. 北京：高等教育出版社，2017.

< 130 >